知的生きかた文庫

やりすぎないからキレイになれる
捨てる美容

小田切ヒロ

JN102936

三笠書房

はじめに

「年齢を重ねるほどに美しく素敵になる人は、捨てている」

それは、僕が美容師や美容部員を経てヘアメイクとして経験を積み、女優やモデルはもちろん一般の方まで、幅広い年齢層の女性に触れるなかで行き着いた、たったひとつの美の真実。そして、かつて「与えるばかりの美容」にどっぷり漬かって、失敗した僕自身の経験からも、自信を持って伝えられる最終回答です。

だから、この本は「大人の女性が溜め込んできたものを捨て、自分らしい本質的な美しさを見つける方法」についてまとめました。

物も情報も溢れる昨今。時代に振り回され、「いったい何を使えばキレイ

3

になれるの？」ともがいている女性達に伝えたいのは、「何を与えるかより、何を捨てるか」ということ。スキンケア、メイク、そして物や知識も、溜めて入れるのは20代まで。30歳オーバーからは、その溜め込んできたものをどう捨て、どう本質を見抜いていくかにかかっています。

あなたの部屋を思い浮かべてみてほしい。不必要なものが、ひとつでもあるでしょうか？　もし、心当たりがあるなら、それはこの本を読んでキレイになる余地があるということ。使うものを増やし、塗り込んで入れ込むばかりの美容は今日でおしまい。

捨てる美容にはたくさんの時間や手間、お金は必要ない。**「捨てよう」と覚悟したその瞬間から、少しずつ軽やかに洗練され、あなた本来の美しさが輝き始める**のです。

事実、30歳オーバーで輝き続ける現役のモデル達は、決して外見の美しさ

だけで勝負してはいない。なぜなら、20代と違い、大人の女性は顔の造形やスタイルがよいだけでは魅力的に見えないから。問われているのは、経験を積んだ大人にしか出せない、聡明感と透明感、そして品格。この大人にしか出せない魅力を磨き上げるためには、何よりも「捨てる」というプロセスが不可欠。

捨てる勇気、抜く余裕がある人は、年齢を重ねるほどに魅力を増す一方。だからこそ、見る者を魅了して希望を与え、周囲の人を幸せにすることができる。そして、これは美を生業にするモデル達に限らず、今この本を読んでいるあなたにも当てはまる法則なのです。

捨てる美容が変えるのは、肌や顔つきだけにとどまりません。きちんと捨ててきた人に宿るのは、メイクでは到底叶えることのできないピュアな瞳の輝き。そして日に日に心は軽やかに、思考はクリアに。やがて捨て去ること

で生まれたスペースに幸せが舞い込み、人生が好転し始め……心の底から「捨てることの大切さ」を体感できるはず。

厚塗りメイクに与えるだけのスキンケア、溜まった角質やコリやむくみ、溢れる物や情報、心のくもりまで。この一冊で、いらないものをすべて削ぎ落としましょう。**シンプル イズ ベスト！**　脱ぎ捨てる勇気を胸に、すっきり洗練された大人の女性になるためのファーストステップを踏み出して。

小田切ヒロ

Akifo★

CONTENTS

Chapter. 2 メイクアップ MAKE-UP

Chapter. 3

ライフスタイル LIFESTYLE

人物写真／三瓶康友

静物写真／伏見早織（世界文化ホールディングス）

本文デザイン／bitter design

構成・文／ENYA

モデル／長田杏奈

イラスト／吉田なおこ

本文DTP／フォレスト（CWC TOKYO）

「捨てる美容」 5つのルール

自分の中の キレイが目覚める!

一生懸命にキレイを求めているうちに、
様々なものを溜め込んでしまっていませんか?
やりすぎのスキンケア、
ルーティンのように塗り重ねるメイク。
たくさんの情報や、
隣の誰かの"可愛さ"と比べてしまったり……。
あなたが本当に捨てたいと思っているものは何?
そして大切にしていることは?
まず最初に伝えたいことをまとめました。
すべての始まりとなる、5つのルール。

1

まずは、捨てる勇気を持つ！

「捨てる美容」と手抜き。同じように聞こえても、そのマインドは全くの別物。面倒だからできなかったorうっかりやり忘れたというのと、「キレイのために、やらない」と、意識的にした「選択」とでは、雲泥の差！

例えば、自信を持って「クリームを塗らない」という選択をしたときと、本当は塗らなきゃいけない「クリームを塗りそびれた」といううっかり。

翌朝の肌が少し乾燥していたとき、前者は「よし、今はキレイになっている途中なんだ」と自信を持てるけれど、後者は「クリームを塗らなかったから乾燥しちゃったんだ、どうしよう」と罪悪感を持ったり、焦ったりしてしまうはず。

だからこそ、まずは何よりも「捨てる勇気」を持ってほしい。

「捨てる」という選択は、他人任せにはできない、能動的なアクション。与える美容に疲れ、大人のキレイを見失った迷子ちゃんにこそ伝えたい。

大丈夫、捨てることでキレイになれるから。捨てる勇気を持ちなさい、と。

15

9割、捨てる。
残った1割こそ
「大切なもの」

大人の女性の溜め込み具合からすると、9割捨てるくらいがちょうどいい。

なかでも、意識してほしいのがスキンケア。年齢を重ねるほど、クリームや高級スキンケアに頼りたくなるものだが、捨てる美容では、「落とすケアが9割で、与えるケアが1割」がルール。なぜならば、皮膚は排出器官であり、老廃物をきちんと捨て去ることで、本来の力が引き出されるから。

僕自身、「与えるケアが9割で、落とすケアが1割」という真逆のスキンケアで、手痛い失敗を経験している。だからこそ、声を大にして「9割捨てて、1割入れる」を提唱したい。

メイクについても、そう。思い切ってアイテムをしぼることが、洗練されるための必須条件。特に、大人の女性は、「ベーシック9割、トレンド1割」と意識すると、時代に振り回されないタイムレスな美しさが磨かれる。

9割の余分なものを捨てきったとき、残った1割こそが、あなたにとって大切なもの。

3

自分の心に聞いてみて、グッとこないものは捨てる

物や情報が溢れる世の中。単に「いいもの」かどうかを基準にしても、選択肢が多すぎて捨てられない。

そこで、僕がオススメしたいのは、「グッとくるもの」「気分のアガるもの」だけを手元に残すこと。

「高かったから」「価値のあるものだから」としまい込んでいるなら、「この1年間で一度でも手に取ったか」を考えてみてほしい。1年は365日もあるのに、一度も触れたことがないのなら、それは、本当は必要のないもの。

身の回りにあるものは、手に取ったときに喜びや感動を味わうことができ、心の底からコンセプトに対して共感できるものだけでいい。

自分の心に問いかけて「グッとくるかどうか」で選ぶと、あなたの世界はもっとシンプルになるはず。

すべては光と影。
「影への恐れ」を捨てる

メイクのムダを削ぎ落とすには、光と影を味方につけるのが近道。

絵画や写真などのアートも、そしてあなたの顔も、すべての造形物は光と影で織りなされている。

顔を「平面」で捉えて塗り絵のように色を塗るのは、20代まで。30歳オーバーからは、顔を「立体」として捉え、光と影を少しだけ強調するメイクにシフトしよう。そうすれば、自ずとあなたらしいパーソナルな美しさが前面に出てくる。

光と影を操るメイクは、余計な色や、年齢によるたるみやむくみによるもたつきを削ぎ、大人の奥行きと洗練を引き立たせる。

光があれば影あり。アイホールの影や、輪郭に落ちる影。影があるからこそ光が引き立つ。だから、影は恐れるべからず。

これはメイクのみならず、人生にも言えること。

すべてを捨て去っても、
品・清潔感・
女性らしさは
必ず残す

媚び、若さへの執着、ムダな力みや心の鎧……。いらないものを削ぎ落とし、〝お古な自分〟から脱皮する。

「捨てる美容」を実践する中で、決して捨ててほしくないのが、品、清潔感、そして女性らしさ。

たとえシミやシワがあっても、ハッとするほど美しい大人の女性はごまんといる。そういう人はどこが違うのかを徹底的に観察し、行き着いたのが、この3つ。品・清潔感・女性らしさは、それぞれが密接にリンクしていて、どれかひとつが欠けても、素敵な大人の女性像からは遠ざかってしまう。

それは年を重ねるほど、意識なくしては保てないものだからこそ、品・清潔感・女性らしさを備えた大人は無敵なのです。

Chapter. 1

スキンケア

SKIN CARE

———

不要なものを捨て去れば
肌本来の力が目覚める

スキンケアの正解は、捨てる9割：与える1割。
肌に溜め込んだいらないものを捨て、
ピュアな潤いを与えれば
大人の肌はもっとキレイになる。

Hiro's METHOD

肌は排出器官。
だから、捨てるケアが9割

一生懸命スキンケアをしているのに、なぜか肌がキレイにならない。そんな不満を感じている人は多いもの。かつては、僕もそうでした。

僕がヘアメイクアップアーティストのアシスタントとしてキャリアをスタートしたのは、27歳の頃。それまでは雲の上の存在だった憧れブランドのスキンケアを試す機会に恵まれ、あれこれ試すのが楽しくて仕方がなかったのを覚えています。

同じく美容マニアの女友達と、集まっては「この化粧水がよかった、あの美容液がよかった」とビューティ談義。この友人もひと一倍美容意識が高く、バッグの中にアイクリームをしのばせては、ことあるごとに顔全体に塗るタイプでした。キレイになるために、日々努力を惜しまず、お金も時間も手間もかけていた。

僕達。それなのに、なぜかお互いニキビやくすみ、肌荒れなどのトラブルが絶え

ないことが不思議で仕方ありませんでした。高級スキンケアやときには美容医療

にも頼り、手をかけるほどに美肌が遠ざかるのはなぜなのか。

今ならわかるのです。どんなに高価な化粧品を使ったとしても、「与える一方

のケア」では美肌にはなれないのだと。大人の肌に真に必要なのは、汚れや不要

な角質をきちんと取り去る「捨てるケア」なのだと！

数々の失敗を経た僕が、ようやく「捨てるケア」に開眼したのは、銀座にある、

とあるクレンジングサロンへの取材がきっかけでした。それまで「スキンケア＝

与えるケア」という先入観があったため、丁寧なクレンジングと洗顔に重きを置

いた施術で、肌が見違えるほど引き締まった体験はかなり衝撃的。今までの塗り

重ねて入れ込む「与えるケア」はなんだったのだろうと、目が覚めるような思い。

この日を境に、「捨てるケア」に励み、今ではどんなに忙しくても肌荒れとは無

縁の〝いつでも最高潮肌〟をキープできるようになったのです。

なぜ、与えるケアよりも、捨てるケアが大事なのでしょうか。それは、医学的に肌は「排出機能」を持っていて、皮膚の大切な役割は「捨てること」にあるからです。

皮膚からは、日々、汗・皮脂・垢となった古い角質が排出されます。この排出さえスムーズならば、肌は本来のフレッシュな状態をキープできます。

ところが、皮膚に付着した汚染物質やメイク汚れを落としきれていなかったり、加齢によって肌の排出する力が衰えて古い角質が溜まると、肌は乾燥して硬くこわばり、やがてはシワやシミ、たるみなどのエイジングのサインが目立つようになります。だからこそ、毎日のクレンジング・洗顔・角質ケアなどの「捨てるケア」で、肌本来の排出機能をおぎなうことがスキンケアの最優先事項。想像してみてください。本来ゴミとして排出されるはずの汚れや垢が溜まって、分厚く硬く重くなってしまった肌を。そんな捨てきれていない肌に、必死になって与えるケアをしたところで、効果が感じられないのはもちろん、ときには逆効果なことがわかるはず。

「捨てるケア」で メイクの仕上がりが変わる

今では自信を持って、「スキンケアは捨てるケアが9割!」と断言できる、捨てる美容マニアの僕。しかし、仕事で出会う女性達に尋ねられるのは、いつも「オススメの美容液を教えて」「どこのクリームがいいの?」と、与えるケアについてのことばかり。そのたびに、**「与えるケアの前に、ちゃんと捨ててる?」**と問いただしたくなってしまうのです。実は、その人がきちんと「捨てるケア」をできているかどうかは、肌に触れ、メイクをすればすぐにわかること。そして、きちんと捨てられているかどうかは、メイクの仕上がりさえも左右するのです。

「与えるケア」至上主義者の肌は、ムダな角質や汚れを捨てきれていないため、

28

見た目はくすんでいて、触れてみるとザラつきやゴワゴワとした硬さが気になります。そして、よく言えばもっちり、悪く言えばぶよぶよとメタボ気味にむくんだ肌をしているのです。さらに、メイクが崩れるのも早く、長時間の撮影では何度もメイク直しをしなければならないことも。

一方、きちんと「捨てるケア」ができている肌は透明感があり、つるんっとした触れ心地。肌が引き締まっていて毛穴も目立ちません。化粧のりがよく崩れにくいから、メイクもスマートに決まるのです。

排出器官としての肌本来の役割に沿って、老廃物や汚れをきちんと落とすことに重きを置く「捨てる美容」。捨てるケアが上手くいけば、様々な肌悩みから解放されるだけでなく、メイクの仕上がりまでも美しくキープできるのです。

何をどう捨てる?・捨てるスキンケアのトリセツ

与えすぎのケアが原因で肌に悩みを抱えている人や、あれもこれもと忙しい美容に疲れてしまった大人の女性に読んでほしくて作ったこの本。特にスキンケアに関しては、今までの一般的な常識を覆す内容なので、何を捨て、何を残すべきか不安に感じることがあるかもしれません。けれども、僕が提案したいのは、0か100かという極端なスキンケアではありません。大切なのはバランス。「捨てる美容」でお伝えしたいのは、**余分なものを捨て、ピュアなものを与える**というシンプルなステップなのです。

いちばん大事にしてほしいのは、汚れや不要な角質を取り去り、肌がもともと

持っている力を引き出す、3つの「捨てるケア」です。

【9割の捨てるケア】

①肌の生まれ変わりを促す角質ケア

②毛穴汚れを一掃するブラシ洗顔

③メイク汚れとコリを一度に取り去るオイルマッサージ

そして、いらないものを捨て去った肌への「与えるケア」は、肌に負担をかけないシンプルな保湿ケアが基本。

【1割の与えるケア】

④ピュアな水と上質なオイルによる保湿

この章では、僕が行き着いたこの「捨てる9割：与える1割」のスキンケアがいかに肌にとってよいものなのか、順を追って説明します。

大人の美肌は「角質」を捨ててこそ

「捨てる美容」のスキンケアにおけるファーストステップ、それは、**古い角質を捨て去ること**。

生きている限り、人間の肌には365日、毎日古い角質が溜まります。この角質とは、皮膚のいちばん表面にある、0・02mmほどの薄い膜〝角質層〟のこと。この角質層がバリアとなって、外部のウイルスや細菌、有害物質が体内に侵入するのを防いでいます。若く健康な肌は、角質層の生まれ変わりがスムーズなので、古い角質は垢となって自然にはがれ落ち、常にフレッシュな角質で覆われています。

しかし、年齢を重ねると角質層の生まれ変わる力は衰えてしまううえに、現代を生きる肌は、大気中の汚染物質や電磁波、紫外線などのダメージにさらされ、

それらをブロックするために角質が分厚くなりがち。普段の洗顔やクレンジングだけでは、どうしても古い角質を捨てきれなくなってきます。居座る古い角質は肌を乾燥させ、毛穴の目立ちや小ジワの原因に。また、最近の研究では、肌表面の角質層の状態が悪いと、肌の奥にある基底層に負担をかけることもわかっています。肌表面の角質問題は、肌全体に悪影響を与えてしまうのです。

そこで取り入れてほしいのが、**ピーリング美容液**（69ページ参照）。肌にゴシゴシと摩擦での刺激を与えることなく、マイルドな成分で古い角質をはがれやすくする美容液です。肌が弱い人でも、肌質に合った角質ケアを取り入れたほうが、バリア機能が整い、健康な肌が生まれる土台を整えることができます。一日一皮生まれる古い角質をきちんと捨てきることとは、美肌を保つうえで、欠かせない習慣。

僕が考える「美しい肌」とは、古い垢がこびりついた上から化粧水でその場しのぎに濡らした肌ではなく、**自ら潤いをたたえた生まれたての角質が表面に現れている肌**のことなのです。

「洗顔の常識」を捨てる。
洗顔料を顔の上で泡立てる理由

Hiro's METHOD

大人の美肌の鍵を握る、捨てるケア。なかでも、毎日のベーシックケアの柱となるのが、日々の汚れを洗い落とす洗顔です。これまでは、「手のひらでたっぷり泡立てて洗いましょう」というのが洗顔の常識でした。日々、泡立てネットを使って一生懸命にもこもこの泡を立てている人もたくさんいることでしょう。しかし、そんな泡洗顔の常識も捨て去ります。

僕がオススメしたいのは、濡らした顔の上に直接洗顔料をのせ、泡立てる方法。

なぜならば、**洗顔料が最も洗浄力を発揮するのは、泡立つ経過にある**からです。

洗顔の目的は、顔についた汗・古い角質・ほこりなどの、水性汚れをきちんと「捨てる」こと。そのためには、洗顔料の落とす力が最も高い状態で洗う必要が

34

上で泡立てるのが正解。

あるのです。なので、洗顔するときには、濡らした顔に洗顔料を直接塗り、**肌の**

さらに、洗顔ブラシ（61ページ参照）を使えば、泡立ちもよく、多くの女性の悩みである毛穴に詰まったしつこい汚れも一掃することができます。このとき注意してほしいのは、肌に圧をかけないソフトなタッチでゴシゴシこすらずに洗うこと。洗顔フォームよりも、界面活性剤の少ないマイルドなタイプの洗顔石けんを使うとベター。

以前出演したテレビ番組で、美白ケアをテーマにした放送がありました。普通だったら美白専用のスキンケアをすすめるところ、僕が紹介したのはこの洗顔方法。顔の上で泡立ててブラシで洗うと、モデルの肌がみるみる明るくなり、スタジオは騒然。専門家がマイクロスコープで確認し、毛穴の汚れや不要な角質がキレイに落ちきっていることが実証されました。

透明感が欲しいなら、美白よりも、捨てきる洗顔。これが真実です。

「スキンケアを浸透させる」という発想を捨てる

今の時代、化粧品を作る側も使う側も、いかにスキンケアを肌に浸透させるかを重視しています。「スーッと浸透」とか、「肌の奥まで素早くしみ込む」と聞くと、なんだかいいものに思えてくるから不思議です。

しかし、思い出してください。肌は本来、排出器官なのです。老廃物を排出するための「出す」機能を備えた肌に、スキンケアを「入れる」という真逆の行為は、果たして本当にいいものなのでしょうか。肌のことを知れば知るほど、スキンケアを「入れる」という行為を、不自然なものに感じるようになりました。結論から言うと、僕は「スキンケアを肌に浸透させる」という発想を捨てました。

ひとつ心にとどめてほしいのは、肌には外的ダメージから身を守る「バリア機

能」があるということ。全身を鎧のように覆う肌の「バリア機能」がなければ、空気中のチリやほこりも雑菌も、体内に入ってきてしまいます。もっと言えば、お風呂やプールに入ったときに、体内に水が浸透してぶくぶくとふやけずにいられるのは、このバリア機能が防壁となっているからなのです。

さて、スキンケアを入れ込むためには、この人体にとってとても大事なバリア機能をゆるめてこじ開けなければなりません。**本来、バリア機能によって弾かれるはずの化粧水や乳液を「浸透させる」ということは、肌を守るバリア機能を一時的に損なう**ということ。これが「スキンケアを浸透させる」ことの一面でもあります。

排出器官である肌のバリア機能をこじ開け、入れ込む。「スキンケアは浸透させるほどよい」という思い込みは、肌にとっては本来の生理機能に反した行為なのです。

究極、ピュアな水とオイルがあればいい

「捨てる美容」と聞くと、与えるケアはどうするの？　と気になる人も多いことでしょう。

僕にとって与えるケアの指針となった出来事があります。その化粧品店（というよりも、ほぼ卸問屋のような形態なのですが）を初めて訪れたのは、美肌で知られる女優を担当したときのこと。メイクの前に使うスキンケアを全部そこで揃えるようにリクエストされたのがきっかけでした。この世のものとは思えないほど美しい肌の持ち主達は、肌に何をどう与えているのだろう？　女優御用達の化粧品店で僕が出会ったのは、驚くほどシンプルなスキンケアでした。

答えは、**ピュアな天然水と上質なオイル**。誰もが憧れる美肌女優達の舞台裏を

38

支えていたのは、究極のシンプルケアでした。　肌には、もともと自分で潤いを保ち、キレイになる自己治癒力が備わっています。　スキンケアにできるのはその力を少しだけ手助けすること。　そのためには、**肌の表面に適度な水分と油分を与えるミニマムなケアで十分**。　そのほうが肌にとっても自然だし、結果的にキレイになれる。　まっさらな肌に与えるべきものは、ピュアな水とオイルだけでいいというのが僕の結論です。

では、なぜピュアな水とオイルがいいのか。　それは、**肌のバリア機能を守ることがスキンケアの本質**だから。　たいていの化粧品には、水と油という対極のものを溶け合わせ、浸透力をアップさせるために界面活性剤が配合されています。　この界面活性剤は、ときに肌のバリア機能に負担を与えるもの。

長時間肌にのっている「与えるケア」こそ、余計な添加物を含まないピュアなものを選ぶべき。　それが正解であると、女優達の肌は、物語っているのです。

頼るべきは、クリームよりも自前の潤い

肌が乾燥するから、クリームを塗ろう。条件反射のようにそう思ってはいませんか？　僕は、**クリームは、スキンケアとメイクの間にあるもの**だと考えています。

だから、仕事の現場では、ファンデーションや下地ののりをよくするベースアイテムとして使っています。

多くのクリームには、肌表面をコーティングするシリコン系の成分が入っています。肌のバリア機能が弱っているときは、このコーティング膜がバリア代わりになり、潤いを封じ込めて肌を守る役割を担ってくれます。その一方で、落とすケアをきちんとしていないと、クリームのコーティング膜が肌に残り、毛穴が詰

40

まったり、重りのように肌の重荷となってしまう面もあるのです。

ファッションにTPOがあるように、スキンケアにもTPOがあります。例え
ば小さなお子さんがいて、夜泣きでぐっすり眠れない、仕事が忙しくて寝不足続
きなど、睡眠中に肌が修復されないような環境にある人は、クリームの力を借り
てもいい。不規則な生活で肌にダメージが蓄積されている人にとっては頼りにな
る存在です。しかし、**健康的な生活ができているのであれば、まず頼るべきは自**
前の潤い。

捨て去るケアで、フレッシュな肌に整えるのが先決です。

捨てる美容に目覚めてからというもの、僕は「肌が乾燥するから、ちゃんと角
質ケアをしよう」と考えるようになりました。分厚くなった角質を取り去れば、
自ずと肌は力を取り戻す。

クリームはダメージを受けた肌状態を一時的にガードするコーティング剤のよ
うなもの。「捨てる美容」にとっては、必需品ではありません。

唇の荒れ、塗ってだめなら捨ててみる

リップクリームが手放せないという人は多いもの。　乾燥を感じるたびに塗ることが習慣化していませんか？

唇がカサつく、と言う女性達に、「唇もちゃんと洗ってる？」と尋ねると、多くの人が驚いた顔をするので、僕のほうがびっくりしてしまいます。　唇も肌と同じように新陳代謝を繰り返していて、毎日古い角質を溜めています。　対症療法的な「与えるケア」だけでは、キレイになれないのは唇も同じ。　唇にも「捨てるケア」が必要なのです。

僕は、毎日の洗顔のついでに、唇もブラシでクルクル。　さらに週に一度は優しく〈スクラブ（69ページ参照）でケア。　選ぶのは、オイル成分をベースにシュガースク

42

ラブが配合されているもの。取り去りながら、潤いを与えるものがベストです。

このおかげで、唇は常に乾燥知らず。リップクリームはここ数年使っていませんが、周りの人から唇のプルプル感をよく褒められます。

リップクリームを何度塗っても唇がカサカサになってしまうのは、角質が溜まっている証拠！　与えてだめなら、捨ててみましょう。

メイク落としは
オイルで「捨てる」

一部の女優達が透き通るようなキメ細かい美肌をキープしている裏には、秘密があります。残念ながら、この本ですべてをお伝えすることはできませんが、ひとつだけ言えることがあります。それは、彼女達も「捨てる美容」の実践者。メイクを落とすときに**クレンジングを使わず、あるオイルでマッサージをしている**ということです。

ファンデーションやメイクアイテムは油性なので、油分で落とす必要があります。市販のクレンジングは、水分と乳化させてすすぐ都合上、水と油を混ぜるために界面活性剤を配合しているのが一般的。この界面活性剤を多用すると、肌のバリア機能にダメージを与える可能性があることは、これまでにもお伝えしたと

44

おりです。そこで、肌に優しくメイクを落とすために使いたいのが、**ゴールデン**

ホホバオイル（61ページ参照）。

女優達がクレンジング代わりに使っている、ゴールデンホホバオイルとは、未精製のピュアなホホバオイルのこと。人間の皮脂に近いワックスエステルをはじめ、抗酸化に優れたαトコフェロールなどの栄養が豊富に含まれていることで注目を浴びています。

このオイルをたっぷりと使い、マッサージすることで肌のバリア機能を壊すことなく優しくメイク汚れをオフ。時間に余裕があるときは、途中でオイルを足しながら30分〜1時間かけてデトックスマッサージ（56ページ参照）をします。皮脂に近いオイルの成分が、毛穴やキメの奥まで入り込み汚れを溶かし出すことで、ときには黒い汚れがボロボロと出てくることも！　僕は、このマッサージのついでに、日々顔のコリをほぐしてリセットしています。

顔のコリ、むくみを捨てれば、何歳からでも小顔になれる

実は、僕自身、昔はエラの張った大顔がコンプレックスでした。当時は、フェイスラインは生まれつきのものだから、整形でもしなければ変えられないものと思い込んでいました。しかし、筋肉・リンパ・皮膚という三位一体のアプローチで、顔の大きさは変えられるという事実に気づいてからは、どんなに忙しくても毎日その日の顔コリやむくみをリセットするのを習慣化。すると、日に日に顔が引き締まってリフトアップしていったのです。改めて7年前の写真を見返すと、体重は同じなのに顔の大きさが全く違い、今のほうが若返って見えるのが一目瞭然です。

その経験を活かし、女優やモデルにメイクをする前には、顔のコリをほぐし、

46

滞ったリンパを流す小顔マッサージを取り入れています。美容への意識が高い彼女達ですら、顔にコリやむくみを溜めていることがほとんど。その場で目に見えて引き締まった小顔になるので、とても喜ばれます。

反響がうれしい一方で、普段から毎日自分で顔のコリやむくみを捨てることができれば、もっとリフトアップできるのにもったいない！　という気持ちに。人に見られるプロですらそういう状況ですから、一般の女性に至っては自分の顔の筋肉がこわばっていることにも、老廃物を溜めていることにも無自覚なことがほとんどなのです。

逆に、**今まで顔のコリを手つかずのまま放置してきた人は、そのぶん小顔になれる可能性がある**ということ。顔が少し引き締まるだけで洗練された印象に。全身のバランスが整って服も映えるし、将来のシワやたるみの予防になるなどいいことずくめです。　小顔の辞書に遅すぎるという文字はありません！　むしろ、年齢を重ねるほどコリも老廃物も溜まるのだから、大人こそ真っ先に取り入れてほしいのです。

顔だけを触っていても キレイにはなれない!

顔をキレイにしたいなら、体へのアプローチがマスト。だから、僕のメソッドでは頭皮やデコルテも必ずマッサージします。僕は顔を「バスト以上、百会未満」と捉えてます。人体模型を見てみるとわかるように、皮膚の一枚下にある全身の筋肉や筋膜は顔と密接につながっています。だからこそ、顔をケアするだけでは、小顔やリフトアップは叶えられないのです。

では、どこからアプローチすればいいのでしょうか。まず、頭頂部にある〝百会〟のツボは、重力のもと二足歩行する人間ならば、必ず凝っていると言っても過言ではない場所。そして、顔と皮一枚でつながっている頭皮や、耳周り、首、デスクワークでこわばりがちな肩から胸筋まで。このうちのどこかが凝っている

48

と、顔もつられて引っ張られ、下がったり歪んだりしてしまいます。また、最近ではスマートフォンを持つ人が増えたことで、ひじ下がこわばっている人も増えています。だから、僕がマッサージ（56ページ参照）をするときは、「**バスト以上、百会未満」、プラスひじ下**というのが鉄則なのです。

さらに、僕の経験としては、顔と体の角質の状態についても同じことが言えます。

例えば、顔に角質が溜まっている人は、足裏やかかともガサガサしがち。そして、全身の角質の生まれ変わりがスムーズな人は、顔の角質もフレッシュな状態を保っているもの。顔から足まで、角質のコンディションはつながっている。

だから、美肌を目指すならば、ボディの角質ケア（156ページ参照）もおこたらないでほしいのです。

朝のケアは、メイクのりとダメージからいかに守るかを考える

朝と夜では、スキンケアの役割が異なります。朝のスキンケアで重視すべきは、いかにメイクのりがよく崩れにくい肌を作るか、そして大気汚染や紫外線ダメージから守るかです。

それでは、朝のスキンケアの手順をお伝えしましょう。まずは洗顔。朝、顔を洗うときは、必ず冷水で洗います。肌の上で体温に対して14℃以上の温度差を作ることで代謝が上がり、キメや毛穴が引き締まります。そうすることで、メイクののりと持続力がアップ。逆に、ぬるま湯などで洗うと、肌がゆるんでベースメイクが毛穴落ちし、崩れやすくなってしまうのです。

次に、濡れたままの顔に**フェイスオイル**※をなじませます。濡れ

た顔になじませたほうが、全顔に薄く均一にのばすことができる。だから、あえて洗顔後は、タオルなどでふかず、顔に残った水滴を手でパッティングしてなじませるのです。ここでしっとり系の化粧水やクリームを手で挟むとムラになりやすいというのが、僕の経験則です。そして、顔全体に**天然水や温泉水のスプレー**をシューッと吹きかけ、両手で顔を包み込むようにしてなじませます。顔の表面に油分と水分が最適なバランスで行き渡っていることが大切です。

仕上げは**日焼け止め**。日中の肌は、紫外線はもちろん、大気汚染やチリ・ほこりなどの刺激に囲まれています。だから、現代を生きる女性にとって、肌をダメージから守ってくれる高機能な日焼け止め下地はマスト。僕が選ぶなら、透明タイプか少しだけ肌をトーンアップしてくれるもので、厚みが出ず、メイクに響かないタイプ（69ページ参照）。この日焼け止め下地まで塗って、初めて朝のスキンケアが完成します。

※ブースターとは、洗顔後すぐの肌になじませ、次に使う化粧品の浸透を高めるもの。

51

夜は肌の生まれ変わりを邪魔しない シンプルケアに徹する

肌は夜生まれ変わります。**日中のダメージを修復し、明日の美肌を育むのは夜。**

だからこそ夜のスキンケア（66ページ参照）で大事なのは、肌に余分なものを残さない「捨てるケア」と、肌の修復機能を妨げないシンプル＆ピュアな「与えるケア」。

理想的な比率は、捨てる9割、与える1割と覚えましょう。

まずは、ポイントメイクを専用のリムーバーでオフした後、ゴールデンホホバオイルを使ったデトックスマッサージで、メイク汚れと顔コリを丁寧に取り去ります。さらに、顔の上で泡立てるブラシ洗顔で不要な角質や毛穴汚れをオフ。

与えるケアは、湯上がりの濡れた肌に再びオイルをなじませた後、顔全体にウォータースプレーをシューッと浴びて両手で包んでなじませれば完了。角質ケア

52

美容液を使う場合はこの後に。肌をコーティングするクリームは避け、古い垢を捨て去って自ら生まれ変わろうとする肌の働きを邪魔しないようにしましょう。

ベッドに入ったら、仰向けのまま頭皮をマッサージ。僕はこれを「ツタンカーメンマッサージ」（65ページ参照）と呼んでいます。スマホなどは見ずに、ゆっくりと深呼吸してリラックス。夜10時〜2時までのゴールデンタイムに、いかに良質な睡眠を取るかは、スキンケアと同じくらい大切なのです。

※静かに仰向けに横たわりながらマッサージをする様子が、古代エジプトのツタンカーメンのようなので、このように命名。

毎日のブラシ洗顔で古い角質や毛穴汚れを捨てる

ヒロ流ブラシ洗顔の極意

● たっぷりの泡で洗うという常識を捨てる。
  肌の上で泡立てることで、洗浄力を MAX に

● 肌に負担をかけずに、
  毛穴の奥の汚れまでかき出す、
  洗顔ブラシを活用すべし

● キレイに洗う＝ゴシゴシ洗うにあらず。
  圧をかけずに優しく摩擦させずに洗うべし

FACE WASH

▼

ブラシ洗顔のテクニック

1 ブラシをぬるま湯で濡らし 固形石けんをつける

洗顔ブラシをぬるま湯で湿らせる。ブラシで固形石けんを軽くこすり、肌の上で泡立てながら、額から円を描くように洗い始める。

2 皮脂の気になるTゾーンや あごを円を描くように洗う

クルクルと円を描くようにブラシを動かし、皮脂やザラつきが気になる鼻、あごを洗う。

3 頬を下から上に洗った後、 唇と目元を洗って、すすぐ

両頬からこめかみに向かって下から上にクルクルと円を描くように洗う。最後にくすみやすい口元と目元を優しく洗って、すすぐ。

角質が溜まりやすい 鼻のつけ根の周りも 忘れずに

鼻のつけ根から鼻筋に沿ってくぼんだ部位は洗い残しが多い部分。この三角ゾーンも優しく洗う。

メイクもコリも毎晩捨て去る！

究極のデトックスマッサージ

STEP **1** CLEANSING

顔全体〜デコルテに
オイルをなじませ
肌表面のメイク汚れをオフ

ポイントメイクはあらかじめ、専用のリムーバーでオフ
しておく。手のひらにゴールデンホホバオイルを取り、
顔全体〜デコルテまでなじませる。中指と薬指の腹を使
い、①小鼻、②額、③あごの順でクルクルと円を描くよう
にマッサージ。④両頬は下から上に円を描くように、⑤目
元や⑥口元は矢印の方向に優しく、⑦首〜デコルテはさ
すり下ろすようにメイクと汚れをなじませる。メイクが濃
いときは、一度蒸しタオル（お湯で濡らしてからしぼった
もので可）で軽く押さえるようにふき取る。

ヒロ流デトックスマッサージの極意

● 皮脂に近いゴールデンホホバオイルで
　バリア機能を壊さずに汚れをオフ

● 毛穴やキメの奥まで入り込んだ
　メイク汚れを根こそぎクレンジング

● 日々の顔コリや澱みをマッサージでほぐして流す

STEP ②

眉間と額のコリをほぐし、
前頭筋と側頭筋をゆるめる

1
グーにした指の第二関節で
額〜前頭筋をほぐす

グーにした指の第二関節を、眉間に当
て下から上にグリグリとほぐす。同じ要
領で手を左右に移動させながら、額全
体をほぐす。同様に、生え際〜頭頂部
までをグリグリとほぐす。

CLOSE UP!

親指を握らずにグーの
手を作り、第二関節を
使ってほぐす。

2

1と同じグーの手で
こめかみ～側頭部をほぐす

1と同じ手をこめかみに当て、側頭部に向かってグリグリとほぐす。手を移動させながら、側頭部全体をほぐす。頭頂部にある百会のツボを親指でプッシュする。

3

眉を挟むように
内から外へ
コリをほぐす

オイルを顔全体になじませる。チョキにした指の第二関節を、眉を挟むように眉間に当て、内から外にほぐす。

CLOSE UP!

人差し指と中指でピースサインを作り、第二関節で折り曲げる。

STEP **3**

顔のコリをほぐして老廃物を耳に集める

4

CLOSE UP!

頬、ほうれい線、マリオネットラインをほぐす

頬の逆三角ゾーンの表面を優しくつまんでほぐす。人差し指の第二関節で頬骨の下をプッシュしてほぐし（a）、口角からあごまでのマリオネットライン（b）に沿って押しほぐす。

5

ヤッホーポーズでほうれい線〜耳脇まで流す

ヤッホーをするように、人差し指の側面をほうれい線に、親指はあご下に当てる。手を押し当てながら、耳下に向かって引き上げるように動かす。4でほぐした老廃物を、耳下リンパまで流す。

STEP ④ フェイスライン〜首を流し、鎖骨プッシュで老廃物を捨てる

CLOSE UP!

6
輪郭を挟んで
耳に向かって流す

人差し指と中指の第二関節であごを挟む。そのまま輪郭に沿って耳下まで挟み上げる。反対側も同様に。顔周りの老廃物を耳下リンパに流し、すっきりとしたフェイスラインに導くためのテクニック。

7
耳下〜首をさすり下ろし、
鎖骨を強めにプッシュ

手のひらで耳下〜首筋をさすり下ろす。仕上げに、人差し指・中指・薬指を鎖骨の凹みにグイッと入れ込むようにプッシュ。老廃物を"ゴミポケット"役の鎖骨リンパに流してフィニッシュ！

※この後に P.54 のブラシ洗顔をする。

TAKE IT!

肌当たりのなめらかな極細毛を採用。小鼻やあごにフィットする三角形状＆高密度ブラシで、肌に優しく洗顔。高密度洗顔ブラシ ¥1200 ＋税／貝印

角質ケア成分配合で、くすみを一掃。ピーリング効果でキュッと清潔に洗い上げる。スキンピールバーハイドロキノール ¥5000 ＋税／サンソリット

汚れを落としながら、古い角質を取り除いて、なめらかなツヤ肌に整える。VC100 ピーリングソープ 100g ¥1700 ＋税／ドクターシーラボ

人間の皮脂に近いワックスエステルを豊富に含んだピュアなホホバオイル。マカダミ屋 ゴールデンホホバオイル 80ml ¥1360 ＋税／マカダミ屋

日中は顔に触らずに、遠隔操作でコリや澱みを捨て去る

朝よりも夕方のほうが、顔が老けて見えることはありませんか？　これは、重力やこわばった筋肉につられて顔が引き下がるせい。マッサージで引き上げたいところですが、日中はメイクが崩れてしまうので、顔を直接マッサージするのは難しいのが現実。そこで取り入れてほしいのが、顔には触れずに〝遠隔操作〟で引き上げるマッサージ法。

手っ取り早く顔を引き上げたいときは、こめかみ〜側頭部にかけて走る側頭筋※をほぐします。さらに、脇下を揉んでリンパの流れを促し、意外と凝りがちな腕をほぐせば、朝起きたてのようなフレッシュな小顔が復活します。

※側頭筋は頭の横（側頭部）にある筋肉。前頭筋は頭頂部付近から眉上まで続く筋肉。

62

側頭筋と腕をほぐす
遠隔小顔マッサージ

手のひらのつけ根で
側頭部をほぐす

手根（手のひらのつけ根）をこめかみに当てて、クルクルとほぐす。同様に、手を側頭部に沿って少しずつずらしながらマッサージ。側頭筋をほぐして、顔に触れずに引き上げるテクニック。

脇のリンパを流し
前腕の筋肉をほぐす

脇をつかむように揉み、滞ったリンパを流して巡りをアップ。グーにした指の第二関節で、スマホやパソコン作業で、凝りがちな前腕を上下にほぐし、つられて引き下がっていた顔の筋肉をリリースする。

眠る前のツタンカーメンマッサージで
重力の影響をリセット

Hiro's METHOD

起きている間じゅう、重力で引っ張られ、下がりグセのついている肌。寝る前に、この重力の影響を一度リセットする習慣をつけると、眠っている間にキュッとリフトアップした小顔を形状記憶できます。

具体的には、ベッドに入って仰向けに寝たまま頭皮をマッサージするのですが、引き上がった肌を保つように静かに眠る様は、まるでツタンカーメンのよう。夜のスキンケアを終えた肌に触れることなく、ドライマッサージで側頭筋と前頭筋をほぐすだけ。毎晩の「ツタンカーメンマッサージ」習慣で、重力の影響をリセットし、引き上がった肌を形状記憶して。

仰向けで頭をほぐし、
下がりグセをリセット

仰向けに寝て、
側頭筋〜前頭筋をほぐす

手のひらのつけ根をこめかみに当て、クルクルとマッサージ。側頭部に沿ってずらしながら、後頭部に向かって揉みほぐす。同様に、額の生え際から後頭部に向かって円を描くようにマッサージ。側頭筋〜前頭筋をほぐす。

生え際〜後頭部を
手ぐしでコーミング

生え際から後頭部に向かって、手ぐしで頭皮全体をとかすように。頭皮をほぐして引き上げることで、顔もリフトアップ。重力による下がりグセをリセットしたら、なるべく仰向けで眠って形状記憶。

ヒロ流「捨てる」スキンケアメソッド

START

朝は守る
ケア重視の
4ステップ！

眠る前に
肌をリセット。
6ステップ！

夜

START

洗顔

← **デトックスマッサージ**

← **ポイントメイクオフ＆クレンジング**

洗顔料をブラシに取り肌の上で泡立て、皮脂や毛穴の奥の汚れ、角質などをオフ。

▶ P.54

クレンジングの後は、ゴールデンホホバオイルを使って、顔の詰まりやコリなど、滞っているものを捨て去る。頭皮や首、鎖骨の詰まりもしっかり流して。

▶ P.57

ポイントメイクを専用のメイクアップリムーバーでオフした後、ゴールデンホホバオイルを顔全体になじませ、メイクを落とす。気になる場合はお好みのクレンジングを使用しても。

▶ P.56

日焼け止め 下地

肌色を変えずキメだけが整い、顔色が明るくなるものを選ぶ。薄く顔全体にのばして、紫外線、大気汚染から肌をプロテクト。

▶ P.50

ウォータースプレー

顔全体にウォータースプレーを吹きつけ、水分をチャージ。全体的に潤いの膜を行き渡らせます。びしょびしょになるぐらいが目安。その後、手のひらで優しくハンドプレスしながら水分をなじませる。

▶ P.50

フェイスオイル

洗顔後、濡れたままの肌にフェイスオイルをなじませ、肌に潤いと活力を与える。

▶ P.50

※角質ケア美容液を使う場合はこの後に。

タンカーメンマッサージ

ベッドに仰向けに寝た状態で、頭皮をマッサージ。最後は髪の毛を手ぐしでとかすように頭皮全体をほぐして完了。

▶ P.65

「捨てる」を支える定番コスメ

ウォータースプレー

純度の高い水を
惜しみなく与えて

古くから皮膚治療に使われてきた、フランスの湧き水をスプレーに。肌がスーッと鎮静する、穏やかな使用感。ターマルウォーター150g ￥2200＋税／ラ ロッシュ ポゼ

バランスよく配合されたミネラルの働きで、健やかな肌に。温泉水100%のスプレー。アベンヌ ウォーター300g ￥2200＋税（編集部調べ）／ピエール ファーブル ジャポン

浸透性抜群の天然水をそのままボトリングした、知る人ぞ知るスキンケアウォーター。ピュアな潤いをたっぷりと肌に届ける。小田切さんはアトマイザーに移して使用。アクアーリオ520ml ￥3500＋税／環境保全研究所

フェイスオイル

ピュアなオイルで
潤う力を守る

天然保湿成分の植物オイルを贅沢にブレンド。すばやくなじみ肌にハリ感をもたらします。ファミュ アイディアルオイル 30ml ￥6000＋税／アリエルトレーディング

ニキビやシミが気になるときは、多くのセレブリティに愛されるこのオイル。トリロジー ローズヒップ オイル 20ml ￥3980＋税／ピー・エス・インターナショナル

古くから抗菌力で知られている希少な月桃オイルを、2種類も贅沢に配合。肌なじみのいいホホバオイルがベースで、素早く浸透。ムーンピーチ タマスアビオイル 30ml ￥6600＋税／レセラ

日焼け止め

メイクにひびかない
無色タイプがオススメ

紫外線はもちろん、乾燥や近赤外線のダメージからも肌をプロテクト。日中の肌を守り抜く、プレミアムなエイジングケア日焼け止め下地。B.A ライト セレクター SPF50+・PA++++ 45g ¥11000 +税／ポーラ

無色透明でみずみずしい使用感。次に使うベースとも好相性。スキンプロテクター SPF50+・PA++++ 30g ¥3800 +税／アディクション ビューティ

高い日焼け止め効果を保ちつつ、軽やかにのびる使用感。うるおいを保ちつつ、環境ストレス因子などまでブロックする高機能タイプ。サンシェルター マルチ プロテクション SPF50+・PA++++ 35g ¥3000 +税／コスメデコルテ

角質ケア

生まれ変わりのリズムを整え、
フレッシュな肌に

水のような感触ですみずみまでなじみ、肌の自然な生まれ変わりのリズムを整えるロングセラー"角質美容水"。タカミスキンピール 30ml ¥4800 +税／タカミ

キヌアの殻から抽出したエキスが、肌の"自己クレンズ能力"をサポート。キールズ DS マイクロ ピール コンセントレート 30ml ¥8500 + 税 ／ KIEHL'S SINCE 1851

リップスクラブ

唇の角質を穏やかに取り去る

唇の角質ケアは天然のオイル等が配合されているタイプのものを選べば、使用後はしっとりプルプルに。ナチュラルな黒糖のスクラブで唇の角質を取り去ります。サラハップ リップスクラブ ブラウンシュガー ¥3400 +税／スパークリングビューティー

迷ったら、まずは一品、重いクリームを抜いてみる

たくさんのアイテムを重ねれば重ねるほど、時間やお金をかければかけるほどキレイになれると勘違いしてしまう。かつての僕自身も含め、そんなふうに頑張ってしまう人は、多いもの。でも、本来の自己治癒力を引き出し、なめらかで引き締まった透明感のある肌を手に入れたいなら、スキンケアはもっとシンプルで本質的なほうがいい。だからこそ、「捨てる美容」を試してみてほしいのです。

これまで、僕がたくさんの失敗を経て行き着いた「捨てる美容」のメソッドをお伝えしてきました。しかし、思い込みを捨て、いつもの手順、慣れ親しんだ習慣を変えるのはとても勇気がいること。

そこで、どこから始めればいいか迷ったら、**「まずは一品抜いてみる」**ことか

らスタート。「与えるケア」のうち、**"重たいテクスチャー"のものから抜いてみ**

ましょう。例えば、美容液、乳液、クリームを使っているなら、まずクリームを

抜いてみる。それに慣れたら、乳液をやめてみる。さらに、美容液を上質なオイ

ルにシフトしてみる。最後に、化粧水をピュアな水に変える。そうやって手順を

踏み、少しずつシンプル化するのもひとつの手段です。

「捨てるケア」についても同じ。顔の上で泡立てるブラシ洗顔や、デトックスマ

ッサージに勇気がいるなら、最初は週1回のスペシャルケアとして取り入れてみ

ても。肌の調子がいいときに少しずつ慣らして、繊細な変化を感じ取ってみまし

ょう。

清潔感を宿すには、顔のムダ毛を捨てる

清潔感は、毛に宿る。極端な話、どんなにパーフェクトな美女でも、鼻毛が1本飛び出しているだけで途端に不潔な印象になってしまうもの。美しい毛流れの眉や、スッと先端に向かって細くのびるまつ毛の作り方はメイクの章で詳しくご説明するとして、ここではそれ以前のフェイスラインや口の周りのムダ毛やもみあげ、鼻毛の整え方についてお話ししたいと思います。

僕が広告や雑誌の写真を見るとき、最初に目がいくのはフェイスラインのうぶ毛やもみあげの処理。一流のプロの仕事は、うぶ毛の毛流れまで意識が行き届いているものです。**メイクの仕上げにスクリューブラシで軽くとかすだけで、見違えるほどの清潔感が生まれます。** さらに言えば、うぶ毛のとかし方次第で、顔の

「見た目面積」を変えることも、イメージを変えることも可能。ふわっとさせれ
ばピュアで若々しい印象、タイトになでつければ大人っぽく洗練された印象に。

特に、着物の撮影のときは、生え際、もみあげ、襟足が整っていることで、着
物姿の格まで違って見えてしまうので細心の注意を払うことが必要です。

そして、**顔の中心には、眉毛とまつ毛以外の毛は不要。** 鼻毛や口の周りのムダ
毛は、小まめに電動シェーバーや毛抜き、レーザーなどで脱毛することをオスス
メします。そのほうが、肌も明るく見え、透明感がアップします。

大人になればなるほど、清潔感を保つためには意識と努力が必要。毎日メイク
をする前に、顔の中心にムダな毛がないか、確認を。顔のムダ毛はきちんと捨て
去ってこそ、清潔感や品格が宿ることを忘れないで。

素敵な大人の女性になるために。最優先で捨てるべきは、年齢への執着

例えば、30代、40代、さらには50代になっても、子供のようにシワやシミがひとつもないまっさらな肌をしている大人の女性を、素敵だと感じますか？

僕はそうは思いません。やみくもな「アンチエイジング」より、いかに素敵に年を重ねるか。エイジングサインを受け入れず、必死にもがいている人は、どうしても力んだ印象に見えてしまいます。美容医療の手を借りて、ピンと張ったシミひとつない肌をしている人と面と向かってみると、どんな思いでどんな人生を生きてきた人なのかの年輪が感じられず、むしろホラーに思えるのです。

その一方で、シミもシワもたるみもあるのに美しい人は、ごまんといます。大人になったら、生まれ持った容姿だけでなく、老いを受け入れて、そのうえでど

74

う美しくあるかを見据えている人のほうが断然キレイ。

「もう若くない自分」を受け入れていないのに、大人として美しく存在するのはとても難しいこと。

シミやシワ、たるみ。年齢とともに現れるサインは、過ぎ去った時間の大切な痕跡。消すのではなくやわらげる。逆らい抗うのではなく、受け入れる。そして、若さへの執着は捨て去る。**若さに固執しない潔さこそが、大人にしか出せない聡明感と透明感の土台となる**のです。

年齢はただのナンバーであり、大人には大人にしか出せない美しさがある。まずはそう信じて、若さにこだわろうとする心を捨ててください。大人のキレイの心構えは、そこがスタート地点です。

横ジワは育て、縦ジワは捨てる

鏡を見たとき、自分の顔に数年前にはなかったシワが刻まれていたら、どう受け止めますか？

もし、そのシワが横ジワだったら「ラッキー」と思ってください。横ジワが入ると、顔に柔和な優しさが加わり、包容力や母性を醸し出します。ニコッと笑ったときに、目尻に優しいしいシワが走っているはずです。だから、**顔に横ジワが増えたときは、「優しさが増えた！」**。そう前向きに受け止めましょう。

一方、**意地悪で険しい印象を与える縦のシワ**となると、話は別です。例えば、眉間の縦ジワ、口角が下がった顔に見えてしまうマリオネットライン。※ゼロにし

ようと必死になることはありませんが、深くなるのを防ぎ、やわらげる努力は必要。細いシワなら、角質ケアをきちんとして、厚く硬くなった肌を柔らかくすること。そして、水とオイルで肌表面の潤いを守ることでやわらげることができます。たるみや筋肉の落ち、表情のくせによるコリから生まれるシワは、日々のマッサージでなるべくリセットするように心がけましょう。

その人がどんな人生を送ってきたのか、その年輪を感じさせるシワは大人の勲章であり、深みや味わいにつながります。できてしまったシワを嘆き、作らないように必死になるのではなく、どうせならいい表情でいいシワを作ることを目指しましょう。

※マリオネット（腹話術の人形）のように、口角からあごにかけて現れる縦ジワのこと。

大人になったら
「顔がキレイ」より「佇まいがキレイ」

年齢を重ねるほど、顔の造形が整っているだけでは、魅力的に見えなくなるのを痛感します。それは裏を返せば、生まれつきの顔かたちに囚われることなく、誰にでも美の大逆転をするチャンスが訪れるということ。

メイクによって、その人の顔立ちをより美しく見せるのが仕事の僕が言うのも変かもしれませんが、正直、大人になるほど、持って生まれた顔の形状はどうでもよくなるのではないかと思ってしまうのです。

本当のキレイは、目と肌と心。そして、いでたちや佇まいに宿る。その点、何かに一心に打ち込んできた人や、何かを極めた人はオーラや目の輝きが違うなと

感じます。ときに髪を振り乱していても、瞳がいきいきと輝いている。この輝き

だけは、年齢を経ても奪うことのできない魅力。ときどき還暦をこえているのに

少女のように無垢な瞳の人に出会うことがあります。極論ではありますが、素敵

なマインドで年を重ねると無垢な少女に還っていくという人がこの世にいるもの

なのです。何歳になっても、磨きをかけるにこしたことはありません。

意志を伝えるのは目。心の窓は肌。そして、**生き方を物語るのは佇まい。**仕事

でも家事や育児でも、趣味でもいい。何かひとつ、これは！と情熱を注ぎ、自

信が持てることを見つけることで、**「顔がキレイ」のさらに上を行く大人の美を**

育めるのではないか、そう感じています。

Chapter.2

メイクアップ

MAKE-UP

**完全武装のメイクを脱ぎ捨てれば
本来の魅力が輝き出す**

大人の女性を美しく見せるのは、
欠点をすべて隠した肌でも、色鮮やかなメイクでもない。
完璧を目指さない軽やかさが、本質的な美と洗練を育む。

Hiro's METHOD

全力投球のメイクで
〝お面〟になっていませんか?

大人の顔はたいてい、重く厚くなりすぎているもの。メイク歴が長くなればなるほど、自分のメイク方法が確立し、使うアイテムやルーティンは増える一方。

さらに、年齢を重ねると、エイジングサインを隠そうとついつい厚塗りになったり、無意識に盛ったりしてしまいがちです。だから、捨てるべきは、「全部やらなきゃキレイになれない」という思い込み。大人の女性に必要なのは、足し算ではなく、引き算です。

ここでは、洗練された大人メイクのために覚えておいてほしい、捨てるメイクの公式を紹介します。

「ベースメイクで100%を目指さない」

ベースメイクの時点で100%に仕上げてしまったら、チークやリップなどのポイントメイクを足すと、今にも舞台に立てそうなやりすぎメイクになってしまいます。

肌づくりの段階ではあえて完璧を目指さず、60%仕上げぐらいを意識。ポイントメイクが完成して初めて100%になるような、ほどほどの肌を目指しましょう。シミやくすみ、毛穴などのアラを完璧に隠すことよりも、程よく透けさせたり、活かすことを考えて。使うアイテム、塗る面積、厚みはできるだけ少なく。少し物足りないぐらいがちょうどいいのです。

「ポイントは2カ所にしぼる」

肌、目、眉、チーク、リップ。すべてのパーツに全力投球して完璧に仕上げると、顔はどんどんお面化してしまいます。全部が主張する力んだ盛り込みメイクは、ときに年を重ねたお女性を痛々しく見せてしまいます。大人を素敵に見せるメイクは、2点盛りまで。例えば、肌と眉、アイメイクとリップというふうに、際立たせるパーツは2カ所までにとどめましょう。

「ベーシック9割、トレンド1割」

誰にでも好印象を与えつつ、透明人間にならない個性を印象づけるには、ベーシック9：トレンド1の割合がちょうどいい。タイムレスな大人の魅力を感じさせつつ、時代の風をスパイスとして効かせることで鮮度を保つ。流行に振り回されず、程よく取り入れて自分のものにするためのベストバランスです。

「個性は静かに漂わせる」

中身に自信がある大人は、たいていナチュラルなもの。なぜならば、もはや必死に個性を主張したり、取り繕ったり、威圧する必要がないからです。これはメイクアップにも通じること。成熟した大人の女性は、ナチュラルな佇まいから、静かに個性を漂わせたほうが断然かっこいい。迷ったら、飾り立てた奇抜さよりも、シンプルさを選びましょう。

さて、引き算メイクの公式をインプットしたら、いよいよ具体的なメイク方法のレクチャーです。捨てるメイクで、大人にしか出せない聡明感や知性を思い切り引き立たせましょう。

"ドラえもんゾーン" に ファンデーションはいらない

キレイになるために塗ったファンデーションのせいで、顔が大きく厚化粧に見えていませんか？　下地やファンデーションを塗るのは、明るく見せたい顔の中心だけ。フェイスラインに沿った "ドラえもんゾーン" は何も塗らないほうが、ナチュラルかつ小顔に見えるんです。

くすむのが怖い？　いいえ、"ドラえもんゾーン" はくすんだほうがいいんです。

だって**天然のシェーディング効果で、くすめばくすむほど顔が小さく見える**のだから。顔全体にムラなく塗るよりもずっと簡単。何も塗らないのが気になるならお粉を軽くのせるだけにとどめましょう。

MAKE-UP

▼

塗らないだけで、小顔！

A

フェイスラインは塗らない

フェイスラインの"ドラえもんゾーン"には、下地もファンデーションも塗らないのがヒロ流。顔周りのくすみを活かし、天然シェーディング効果で小顔を演出。この部分に塗っていいのは少量のフェイスパウダーだけ。

B

頬はきちんと塗る

下地やファンデーションを塗るときは、頬の高いところから外側に向かってぼかす。顔の中心がキレイにカバーされていれば肌全体が美しく見えるうえ、中心が明るくなることで顔全体のメリハリを強調することができる。

ファンデとコンシーラーのいいとこ取り！

エマルジョンファンデを味方に

カバー力を調整しやすいエマルジョンファンデーションは、いわば**コンシーラーとファンデーションのいいとこ取り**をした一石二鳥アイテム。これひとつだけでコンシーラーなしでもシミや赤みなどを隠せるうえ、カバーした部分と塗っていない部分の境目をぼかしやすいので、使う量も少なくて済む、大人のベースメイクの強い味方です。さらに、仕上げのフェイスパウダーもいらないので、ベースメイクの過程もポーチの中身も一気にスマート化。大人の肌をキレイに見せる、程よいツヤ感のものが揃うのも魅力です。

美容液でメイクする発想で、フレッシュなハリ肌に。MiMC ミネラルクリーミーファンデーション SPF20・PA++ ¥6500 ＋税／MiMC

TAKE IT!

下地不要でしっとり肌に。フレーム フィックス モイスチャライジング ソリッド ファンデーション SPF25・PA++ ¥8500 ＋税／SUQQU

MAKE-UP
▼

ファンデーションとして

頬から塗り始め
内から外にぼかす

量は
これくらい

エマルジョンファンデーションを、スポンジの 1/2 に取る。いちばんキレイに見せたい頬から塗り始め、顔の中心から外側に向かってぼかす。フェイスラインを避けて塗ると、自然な小顔印象に仕上がる。

コンシーラーとして

スポンジを折りたたみ、
優しく叩き込むように塗る

スポンジを半分に折りたたみ、エマルジョンファンデーション少量を取る。小鼻、目の下、口角など、くすみの気になる部分に、ポンポンとパッティングするようにソフトに叩き込んでなじませる。

影への恐れを捨てる。

大人は〝光と影〟でキレイになる

フェルメールの絵画しかり、マン・レイの写真しかり。優れたアーティストは、万物を光と影で捉えることで美しい作品を創り上げています。立体的な造形物である人間の顔も、同じ。ちょっとずつ光と影を足すことで、立体感が増し、美人印象がアップするのです。特に、年齢を重ね、顔が膨張して輪郭がもたつきがちな大人にこそ、光と影はマスト。**ハイライトの光とシェーディングの影**を取り入れ、自分の持っている骨格をキレイに引き立たせれば、より自然かつ印象的にその人らしい個性が輝き出すのです。

大人に必要な光は2つあります。それは、ツヤの光とハイライトの光です。

ツヤと言えば忘れられない話があります。多くの成功者を見てきた銀座のママ

いわく「成功している人には、みんなツヤがある。だから、幸せになりたかったら、偽物でもいいからツヤを出しなさい」ということ。年齢を重ねてツヤを失ったカとした過剰なツヤは、程よいツヤをおぎなったほうがキレイに見えます。とはいえ、テカテた肌には、程よいツヤをおぎなったほうがキレイに見えます。

大人の肌が纏うべきツヤは、内から発するようなほのかで柔らかなツヤです。

だからこそ、**重ねるツヤより仕込むツヤ**。ファンデーションのベースに、ハイライト下地を仕込む「ストロビング」（92ページ参照）で、内側からのさりげないツヤを演出しましょう。

ハイライトも、大人にふさわしいのはギラギラとこれ見よがしな光ではなく、静かに主張する光。肌にしっとりとなじむ練りハイライトを、点でのせる「ビーミング」（93ページ参照）で、メリハリを掘り起こし、自然な立体小顔に。

ツヤを仕込む「ストロビング」と立体感を引き立てる「ビーミング」。2つの光で大人の肌も顔も、もっと美しくなるのです。

クマ、くすみ、くぼみ……。放っておいても、大人の顔にはエイジングサイン

によるちょっとした影が増えていきます。だからといって、必死になって影という影をすべて消そうとすると、途端に不自然でバランスの悪い顔になってしまいます。そもそも、「消そう」とする行為自体がポジティブではないし、隠そう隠そうと塗り重ねるほど、時間が経って崩れたときに汚いもの。

そこで、捨ててほしいのが影を恐れる心です。**影は消すのではなく、活かすもの。**目元がくすめば、ブラウンのアイシャドウを塗らなくても彫り深な目元になる。顔のくすみを消さなければ、シェーディングの代わりになる。自分の顔にできた影を条件反射のように消そうとする前に、「どうにか活かせないか」と考えるクセをつけてください。影は、人間の顔に奥行きと深み、趣を与えるもの。**顔になじんだ翳(かげ)りは、大人の女性を色っぽく見せる引き立て役なのです。**

自前の影を活かしたうえで、さらに足してほしいのが輪郭と首元のシェーディング。もたついてぼやけがちな輪郭をシャープにするだけで、すっきりと洗練された印象に変わるからです。

究極、メイクには光と影だけがあればいい。光と影を際立たせることで色もアイテムも、潔く引き算できるのです。もともと顔にある光と影を引き立たせることで、どんなに飾り立てたメイクよりもその人らしさが引き立つもの。光と影を活かしたメイクは、時間をかけて自分らしさの歴史を築いてきた、中身の詰まった大人がいちばん輝くメイクでもあるのです。

すべては光と影、これはメイクだけでなく、人生にも言えること。コンプレックスやネガティブな出来事を受け入れて立ち上がった経験は、何よりもその人に深みと味わいをもたらします。その陰影は、若さではとても追いつかない魅力の源となるのです。

面と点、2つの光を使い分け！華やかさと立体感を演出

面で仕込む光 "ストロビング"

ハイライト下地を仕込んで、
肌にストロボを当てたような
ツヤと華やかさをもたらす技。
肌が主役のメイクに。

ゴーグルゾーンに ハイライト下地を仕込む

ファンデーションを塗る前に、肌なじみのいいパール入りのハイライト下地を仕込む。目の下の頬の高い位置3カ所ずつと鼻のつけ根にポイント置きし、目の周り全体のゴーグルゾーン "スキー用のゴーグルやサングラスをかける範囲" にぼかす。

TAKE IT!

繊細なきらめきで肌に艶やかさを演出。ロージー グロウ ライザー SPF20・PA++ 30ml ¥3200＋税／コスメデコルテ

点で際立てる光"ビーミング"

メイクの仕上げに、顔の中央の凹みポイントに、
ビームのように強い光を放つハイライトをのせ、
抜け感とメリハリを強調。

練りハイライトを鼻根と目頭にオン

メイクの仕上げに、練りハイライト
を鼻のつけ根のくぼんだ部分と、
目頭の下のくぼんだ部分にオン。
指の腹やアイシャドウチップを使っ
て、置くように"点"で塗るのがポ
イント。目元が前に出て、メリハ
リのある印象に。

TAKE IT!

パールホワイトの練り
ハイライト。ココナッ
ツオイルベースでしっ
とり。rms beauty ルミ
ナイザー 5ml ¥4900
＋税／アルファネット

マイナス1・5kgの小顔シェーディングで
顔のムダ肉を削ぐ

年齢を重ねると、「太ったわけじゃないのに顔が大きくなった」ように感じたり、「ある日突然、ハイネックやタートルネックが似合わなくなった」という瞬間がやってきます。それは、顔がたるんで下垂し、広がって見えるせい。

この問題をダイエットも美容医療もなしで解決するのが、小顔シェーディングです。

顔周りや首元に大胆に影を入れることで、顔周りのモタつきをカバーして、シュッと引き締まったシャープな小顔に。撮影現場では、1・5kg痩せて見えると評判のテクニック。全身のバランスもアップし、どんな服もすっきりと似合うようになります。

94

MAKE-UP

▼

シェーディングですっきり小顔

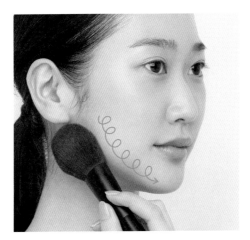

耳の下から首にかけて
クルクルと影をつける

大きめのブラシにシェーディングを含ませ、耳の下からフェイスラインに沿って円を描くようになじませます。さらに、首元にもクルクル。大人のフェイスラインと首元は、くすめばくすむほど小顔に見える！と覚えて。

TAKE IT!

シルキーな感触でムラなくなじみ、自然な陰影をもたらす。エンドレス サマー ブロンザー ¥4000 ＋税／ベアミネラル

潔く捨てるために、眉にはきちんと手をかける

ムダを削いでシンプルにミニマムに。潔さに重きを置く「捨てる美容」ですが、眉に関しては複数のアイテムを使い、きちんと手をかけて描くのがルール。なぜならば、**眉は顔の印象の9割を決定づける、大切なパーツ**だから。

手をかけて仕上げた自然な眉はメイク感を感じさせずに、その人を〝生まれつき美人〟に見せてくれるもの。眉が立体的ならば、顔のメリハリが引き立って、それだけで知的な〝彫り深小顔〟に見えるのです。眉を丁寧に仕上げているからこそ、他のパーツのメイクを抜くことができる。眉は「捨てる美容」メイクの要と言えるのです。

意外に思われるかもしれませんが、僕が眉をメイクするときのファーストステ

ップは、ティッシュオフです。なぜならば、眉は皮脂が出やすい部分なので、ひと手間かけて余分な皮脂や肌に残ったスキンケアをきちんとオフしておくと、その後の描き心地もキープ力も段違いだから。さらに、フェイスパウダーをなじませて、スクリューブラシで入念にとかして下ごしらえ。仕込みの段階でここまでやってこそ、一日中美しい仕上がりの眉の土台ができるのです。

　そのうえで、のっぺりとした〝面眉〟や描きっぱなしの〝線眉〟にならないよう、パウダーアイブロウ、ペンシル、眉マスカラを駆使して、毛並みの整ったナチュラルな立体眉を完成させます。ことあるごとにスクリューブラシでとかしてぼかし込み、顔立ちになじむよう華麗にフェードアウトさせるのがポイントです。

　余分なものをとことん削いで、本質的な美を輝かせる「捨てる美容」にあっても、知性や立体感を出すために眉だけは丁寧に。**美しい眉という軸があってこそ、他を潔く捨てることができる**のです。

捨てるべきは、角！

大人の眉はしなやかさが命

Hiro's METHOD

角のある印象の人は、眉にも角が立っているもの。初めましてと挨拶したとき
に眉に険があったら、一瞬で意地悪そうな印象を与えてしまいます。顔の第一印
象を決定づけるだけでなく、顔相学の世界でも「運気を左右する」と言われる眉。
眉を変えれば、他人に与える印象だけでなく運気すらも変わるのです。

大人の眉改革を考えたとき、**真っ先に捨ててほしいのが眉の角！** 大人の眉に
は、角も鋭角なカーブもいりません。力みや険しさの象徴である眉の角を捨て、
余裕のあるしなやかな大人の女性を目指しましょう。

眉の角を取るためには、具体的にはどんなことをすればよいのでしょうか。ま
ず、眉頭は、ブラシで下から上に向かって毛流れに沿ってとかし角張りをやわら

眉山の角は取って、
丸みを持たせる

眉頭は毛流れを活かして
上向きにとかす

眉山の下のカーブは
なだらかに

眉周りの
3mm 地帯は
うぶ毛を活かす

不自然な"線眉"から脱するには、
眉周りのうぶ毛を程よく活かす
ことが大事。眉周り 3mm のう
ぶ毛の処理はやめましょう。

げます。

　角が立っている人が多い眉山は、無理に角度をつけず、自眉を活かすように意識。角張って描いてしまっているなら、後からぼかしてなだらかに整えて。眉山の下を剃って角度をつけているなら、今すぐやめましょう。眉周りのうぶ毛は、眉の "描きました感" をカモフラージュしてくれる名脇役。眉周り3㎜地帯のうぶ毛は、剃らずに活かして。

大人のナチュラル
立体眉の作法

引き算メイクの要は眉。
眉を丁寧に仕上げるからこそ、
他のパーツを「抜いた」とき
一気にあか抜けます。

1

眉周りの油分を
ティッシュオフ

皮脂が出やすく、スキンケアの油分が残
りやすい眉。メイクの前にティッシュオフ
して、余分な油分を抑えておくと、描きや
すさと崩れにくさがアップ。

2

パウダーをのせ
スクリューブラシでとかす

プレストパウダーを眉にのせ、さらに皮脂
をブロック。スクリューブラシで毛流れに
逆らってとかして余分な粉を払い、毛流れ
に沿ってとかし、眉頭を立ち上げる。

TAKE IT!

粉っぽさや白浮きゼロで、
皮脂を抑える繊細な透明パ
ウダー。NARS ライトリフレ
クティングセッティングパウ
ダー プレスト N ￥5000＋
税／NARS JAPAN

3

アイブロウパウダーで
眉全体のシルエットを決める

右側の2色を混ぜ、眉頭から眉尻に向かって、毛の隙間を埋めるように描く。眉頭にしっかり毛がある人は、眉頭1cmより内側はぼかすだけにとどめると自然。

TAKE IT!

立体感のある自然な眉が描きやすい5色パレット。ルナソル スタイリングアイゾーン コンパクト 01 ¥4620＋税／カネボウ化粧品

4

ペンシルでフレームを整え
品格漂う眉に

極細のアイブロウペンシルで一本一本毛を描き込むように、眉の上下のラインを整える。特に、眉下のラインは"品格"に直結するのできちんと描いて。

TAKE IT!

極細芯のペンシルとチップのWエンドでポーチの省スペース化にも貢献。SHISEIDO ブロウインクトリオ 02 ¥3000＋税／資生堂

5

眉マスカラで毛流れ、
ハリ、ツヤをメイク！

眉マスカラは、最初に毛流れに逆らってとかすように塗ってから、毛流れに沿って塗る。仕上げにスクリューブラシでとかしてダマをオフし、輪郭を軽くぼかす。

TAKE IT !

どんな毛質・眉色にも似合う眉マスカラは、何本もリピートする名作。アイエディション（ブロウマスカラ）03 アッシュブラウン ¥1200 ＋税 エテュセ

完成

大人の小顔を引き立てる
立体品格眉！

自然な毛流れと陰影のナチュラル立体眉が完成。凛とした知的な印象を引き立てつつ、主張しすぎないバランスがポイント。

顔の中に、色は2色まで。メイクの色を捨てる

普段メイクをするとき、顔の中に色は何色ありますか？（眉・マスカラ・アイラインなどに使うブラウンやブラックは含めません）。例えば、ブルーのアイシャドウに、オレンジのチーク、ピンクのリップを塗ったとします。この場合、よほどのセンスとテクニックがない限り、顔の印象がとっ散らかり、くどくなってしまうことでしょう。プロの僕でさえ、3色以上を使って、こなれた顔に仕上げるのはとても難しいのです。**メイクの色は引き算するほどあか抜ける**。だから、思い切って色を捨てる。「大人が顔に使っていいのは、2色まで」と覚えましょう。

たくさんのアイテムを使い、あれもこれも塗って手間ひまかけたほうがキレイ

になれると思い込んでいる人はとても多いもの。しかし、その思い込みが大人の顔を重く、濃くしてしまっているのです。年齢を重ねメイク歴が長くなるほどに、メイクのプロセスやアイテムは増えてしまいがち。この辺りであれこれ欲張るのはやめ、一度スッキリ気持ちよく整理してみませんか？

ここで捨てるべきは、目元にはアイシャドウ、頬にはチーク、唇にはリップしか塗ってはいけないという固定観念。事実、**目元にもチークにもリップにも使える、マルチスティック**を使えば、驚くほど簡単に洗練された顔が手に入るのです。

ハイブリッドに使えるマルチスティックを1本だけ手に入れるなら、断然オススメなのがコーラル系。**オレンジとピンクのいいとこ取りをしたようなコーラルカラー**は、日本人の黄みがかった肌にしっくりと似合い、目・頬・唇のどこに使っても映える万能色なのです。どんなにメイクが苦手な人でも、たったひとつのアイテムで即お洒落顔になれる唯一の方法。それは、コーラル系のマルチスティックで、顔全体をワントーンで仕上げること。次のページから、具体的な方法を紹介します。

▼

大人の洗練
ワントーンメイク

コーラル系のマルチスティックを使って
仕上げたワントーンメイク。
たった1色で、洗練顔に。

難しいテクニックは必要なし。
1アイテム1色だけで、ここまでキレイ。

ヒロ流ワントーンメイクの極意

● 目元・頬・唇を1色で仕上げる

● 肌なじみのいいコーラル系を選ぶ

● "粉"より"練り"が艶っぽい

FOR EYE
アイ

透け感重視で薄〜く
ぼかす

崩れ防止に、まぶた全体にフェイスパウダーを仕込む。マルチスティックを薬指に取り、目頭から目尻に向かってスーッとぼかす。透け感重視で、ニュアンス程度に色づけばOK。

FOR CHEEK
チーク

耳の手前から
頬骨に沿ってぼかす

マルチスティックを耳の手前から、頬骨に沿ってスーッと線を描くように直塗り。薬指と中指の腹を使ってトントンとぼかし、血色感と立体感を演出。

FOR LIP
リップ

中央に塗り、
口角に向かってぼかす

マルチスティックを唇の中央に直塗りする。薬指の腹を使って、口角に向かってスッスッとぼかして、ナチュラルなグラデーションリップに仕上げる。

TAKE IT!

繊細なゴールドパールが輝くピーチカラーの名品マルチスティック。NARS ザ マルティプル 1517N オーガズム　¥4800 ＋ 税 ／ NARS JAPAN

透明感のあるブライトオレンジ。アディクション チーク スティック 03 アフリカンサンセット ¥2800 ＋税／アディクション ビューティ

アイメイクパレットは全色使わなくてもいい

アイメイク全盛時代に青春を過ごした人は、4色入りのパレットがあったら、全部の色を使わなければならないと思い込んでいる場合が多いもの。締め色、ミディアムカラー、ハイライト──。何色も重ねてグラデーションにして、初めてアイメイクが完成するような気がしてしまっているのです。

しかし、今はアイシャドウの粉質も見違えるほど進化しています。**昔は4色を重ねて作っていたグラデーションも、今は1色で叶えられる**時代になっています。

だから、思い切って**3色捨てる勇気**を持ちましょう。

例えば、いつものパレットのミディアムカラーを、アイホールよりちょっと広めにぼかすだけにとどめてみる。最初は勇気がいるかもしれませんが、1色だけ

で作ったほうが、意外なほど肩の力が抜けた雰囲気が出るし、時間も労力も4分の1で済みます。それに、大人のまぶたはくすみがちなぶん、陰影も出やすいので、1色で十分に深みのある立体的な眼差しが手に入るはずです。

もし新しく買うなら、繊細なパール感の練りタイプのブラウンシャドウ（119ページ参照）をひとつ。乾燥したまぶたにもしっとり艶やかになじみ、テクニックなしで美しいグラデーションに仕上がるので、大人の定番にぴったりです。

何かに情熱を傾け、好奇心や感受性を満たし、人を愛することで得た瞳の輝きは、年齢を経ても失われることがありません。いちばん目立たせたいのは瞳の輝き。アイシャドウは、それに寄り添い、そっと引き立てるだけでいいのです。

カラコン、まつエク、フェイクな自分を捨てる

目につくものをなんでもあれこれ試して、情報もモノも溜め込んで、貪欲に吸収する。若いときはそれでもいいかもしれませんが、ある程度大人になったら少しずつ、いらないものを捨てて、自分にとって本当に大切なものを見極めたいもの。

そして、そんな段階に差しかかったら**真っ先に捨ててほしいのはフェイクなもの！**なぜならば、ニセものに頼っているうちは、大人が目指すべき本質的な美しさからはどんどん遠ざかってしまうから。

特に、その人の魅力を伝える大切な目元には、フェイクなものを纏ってほしくない。だから、僕は大人の女性にはカラコンやまつ毛エクステはふさわしくないと思っています。

瞳の輝きは、**大人になっても褪せることのない、その人の魅力**

を伝える大きな武器。ちょっと目を大きく見せたり、色を変えるだけのためにカラコンで隠してしまっては、あまりにももったいない。

まつ毛エクステについてもそう。人工的なまつ毛が当たり前になってしまうと、本当の自分の素と向き合う機会が減ってしまいます。大人ならではの余裕を醸し出すには、日々ありのままの自分を受け入れることが必要です。そういう意味でも、素の自分に戻れなくなるまつ毛エクステよりも、オンとオフがはっきりしているつけまつ毛を僕はオススメしたいのです。

くすみは色気の源。
「くすみを消す」という発想を捨てる

「くすみ」と聞くと、条件反射のようにカバーすべきものと決めつけがち。しかし、**くすみは決してネガティブなものではなく、大人の女性にニュアンスと深み、色気をもたらすもの。** 大人の女性にとって、くすみはチャンス。くすみがあってラッキーなのです。スキンケアの場面では、マッサージなどでケアするとしても、メイクの場面では「いかに消すか」ではなく、「いかに活かすか」という発想にシフトしましょう。

例えば、フェイスライン2㎝のくすみは、ファンデーションで隠さずに天然の小顔シェーディングとして活かします（85ページ参照）。

そして、なんといっても、目元のくすみ！ アイホールのくすみは、まるで天

然のアイシャドウのように、ヨレたり薄れたりすることなく、大人の目元に深みと奥行きをもたらしてくれるもの。

特に、目のキワ2mmのくすみは、消さずに活かすが吉。クマが気になるときも、下まぶた2mmゾーンを外して、エマルジョンファンデーションやひどいときはオレンジ系のコンシーラーでカバーしましょう。ただし、くぼみ目さんの場合は別。くすみとくぼみの影が重なると、途端に老けた印象に。まぶたのくぼみはさりげなく（アイホールの縁のくぼんだ部分にエマルジョンファンデーションをぼかして）カモフラージュしましょう。

くすみは活かし、クマだけ消す

2

薬指でなじませ
ヨレないよう定着

目の下2mm（囲んだ部分）を避けて、ブラシで下に向かってぼかす。最後に薬指の腹でトントンとなじませて、フィックス。

1

エマルジョンファンデを
クマの中央に3点置き

コンシーラー代わりになるエマルジョンファンデーションをブラシに取り、クマの中央に3点置きする。

「自分の目はここまで」という限界を捨てる

プロのメイクアップアーティストのアイメイクと、一般の方のアイメイクのいちばんの違いはどこにあるでしょう？　その答えは、「目の大きさ」に対する捉え方。

例えば、雑誌や本のメイク方法の説明を読むと、「アイシャドウはアイホール全体にのばしましょう」と書いてありますよね。そのままの意味に捉えて、自分のアイホールの範囲にきっちりとアイシャドウを塗るのが一般の方々。それに対して、プロのアーティストは、〝現実のアイホール〟よりも「ここまでをアイホールにしたい」という 〝理想のアイホール〟に沿ってアイシャドウを塗っているのです。

アイメイクで捨てるべきなのは、目の大きさに対する思い込み。つまり、アイメイクをするとき、みなさんが「私の目はここまで」と決めつけている境界線を捨ててほしいのです。

アイホールの範囲＝目の縦幅は自分で決めましょう。また、目の横幅を決めるアイラインについても同じこと。「私の目尻はここまで」という位置から、プラス5㎜長く描くと、自然に目を大きく見せることができます。さらに、斜め45度にカールさせたまつ毛にマスカラを塗ることで、さりげなく「奥行き」の限界も突破することが可能になります。

目を大きく見せたいと思ったときに、アイシャドウだけ、アイラインだけ、まつ毛だけでなんとかしようとするのはわざとらしく見えてナンセンス。大人になったら、**アイシャドウで「縦幅」を、アイラインで「横幅」を、マスカラで「奥行き」**をじわじわとさりげなく拡大する、三位一体＆一生ものの3Dアイメイクを身につけて。自分の目の大きさはもともと決まっているのではなく、あなたが決めるのです。

▼

縦幅×横幅×奥行き
ヒロ流3Dアイメイク

ナチュラルなのに
目元を深く印象づける3Dアイメイク。
大人の引き算メイクに
不可欠なテクニックをマスター。

| 縦幅拡大 | アイシャドウ |

本当のアイホールより広く塗るのが正解

アイシャドウを薬指に取り、目のキワから眉毛側に向かって、ワイパーのようにぼかす。アイホールの凹みよりやや広めにのばして、縦幅を拡大。

パウダーとジェルが融合。まぶたにピタッとなじみ、自然な陰影を演出できる。ポップ パウダージェル アイシャドウ 02 Horo-Horo Silk 2800円＋税／資生堂

TAKE IT!

シャドウとしてもライナーとしても使え、濃淡も自在。キャビアスティック アイカラー 09 ローズ ゴールド ¥3000＋税／ローラ メルシエ ジャパン

アイライン

目尻 +5mm ならさりげない

極細のリキッドアイライナーで上まぶたのキワにラインを描く。目尻は実際の位置 +5mm の長さにするとさりげなく横幅を拡大できる。無理に跳ね上げないのもコツ。

まぶたの自然なカーブに沿って、跳ね上げずに引くのが大人のベーシック。伏し目にしたときも自然で美しい。

TAKE IT!

ブレにくくにじみにくい極細ライン。メイベリン ハイパーシャープ ライナー R BK-1 ¥1200 + 税／メイベリン ニューヨーク

お湯でオフできる漆黒ライナー。ケイト スーパーシャープ ライナー EX2.0 BK -1 ¥1200 + 税（編集部調べ）／カネボウ化粧品

奥行き　マスカラ

大人のまつ毛は
上斜め45度が正解!

まつ毛が下がっていると、目に光が入らず地味に見えがち。反対に、まつ毛が急角度で上がっていると、不自然な印象に。大人のまつ毛には、上斜め45度のカールで自然な立体感を演出。

TAKE IT!

なめらかに伸びてダマにならず、ツヤのある自然なまつ毛に。マジョリカ マジョルカ ラッシュ エキスパンダー ロングロングロング EX BK999 ティファインブラック 影絵 ¥1100＋税／資生堂

AFTER　　　　　BEFORE

自然なのにパッチリ!
3Dアイメイク

目の縦幅・横幅・奥行きの潜在能力を余すところなく引き出しつつ、あくまでもさりげない。これが3Dアイメイクの威力。

流行に振り回されない立体感チークで、横顔に品格を！

赤やピンクのいかにも「塗りました！」というチークは、もう卒業。大人になったら、年齢問わず、いつの時代もどんな顔型にも似合う、流行に振り回されない究極の定番チークをマスターしたいもの。

そこで、僕がオススメするのが、血色と影色のいいとこ取りをしたようなニュアンスカラーを、耳の前から入れる品格メリハリチーク。骨格を引き立てることで、その人本来の顔立ちや個性を全面に。チークはあくまでも脇役。**目立たせるべきは、チークの色や形ではなく、あなたの魅力**なのです。大人のための立体チークをマスターすれば、横顔の品格が変わります。

チークをブラシに取り耳の前から塗る

ニュアンスカラーのチークをブラシに取り、余分な粉を払う。ブラシを耳の前に置いてスタンバイ。

頬骨に沿って平行に塗る

頬骨に沿って平行にすべらせるように塗る。自然な立体感を引き立て、横顔の品格がアップ!

TAKE IT!

溶け込むようになじみ、自然な血色と陰影を演出するナチュラルオレンジ。ルナソル カラーリングシアーチークス（グロウ）03 ¥3500＋税／カネボウ化粧品

品格は口角のキュッと上がった口元に宿る

大人の女性が絶対に捨ててほしくないもののひとつとして、「品格」があります。

そして、品格は口元に宿ります。メイクで言うと、大事なのは口角のキワの部分。口角がスッと整って見えるためには、リップを塗るときにブラシやリップライナーを使うのが早道。さらに、左右の口角脇のライン1㎝をエマルジョンファンデーションで明るくするだけで口角がキュッと引き締まって見え、上品な印象がアップするのです。

口角がぼけているか、きちんと締まっているかで品の有無が決まります。

いくらパーフェクトにリップを塗った唇でも、その唇からどんな言葉を発するかによって、その人の品格は左右されます。上品なトーンで話される美しい言葉、

124

口角の脇のライン
1cm を補整して
品格を保つ

エマルジョンファンデーション（普通のファンデーションや、コンシーラーでも OK）をつけたスポンジを折り曲げ、口角の脇のラインに沿って 1cm ほどなぞる。補整効果でキュッと引き上がった品格漂う口元に。

きちんとした語尾や笑い方は、どんなメイクよりも饒舌（じょうぜつ）にその人の品を語るのです。そして、年齢を重ねれば重ねるほど、口元にはその人がどんな言葉を発してきたかの生き様が刻まれます。口にしてきたのは、優しい言葉か、意地悪な言葉か。その人の心の持ちようが、深く刻まれるのです。だからこそ、どんなときもなるべく口角を上げる意識で、美しく優しい言葉を発するように心がけましょう。

肌や目を引き立てる
ベージュリップで引き算の美

年齢を重ねると、顔色がパッと明るく見える鮮やかなリップに頼りたくなる人は多いもの。でも、洗練された大人の女性を目指すなら、時に捨ててほしいのが「唇の色」。赤リップを効かせるのもいいけれど、リップの色よりもその人の個性が印象に残ったほうが、もっと素敵だと思いませんか? 20代からずっと同じメイクをしてきた人が、口元の色を抜くだけで一気にあか抜けるというケースも多く見てきました。だから、捨てるメイクをマスターした人には、色に頼らないヌードベージュのリップに挑戦してみてほしいのです。

スキンケアしただけのような素肌っぽいメイクの日も、スモーキーな目元を主役にしたモードメイクの日にも。**TPOを問わず流行にも左右されないヌードベ**

126

ージュの定番リップが選択肢にあるだけで、毎日のメイクの抜け感と洗練度が変わってきます。

その一方で「ベージュリップを塗ると顔色が悪く見える」という意見も。そこで、僕が長年愛用している「コンサバにもナチュラルにもモードにも似合い、時代に関係なくこなれる」鉄板のベージュリップを紹介したいと思います。一本目は、ETVOSのミネラルルージュ ナッツベージュ。スキンケアの撮影のときは、ベースメイクを施したモデルの唇に、このベージュを塗るのが定番。素の唇のようなのに、どこか顔の陰影が前に出て彫り深な顔に見えるのが特長で、リップの発色をよくしたいときやもちをよくしたいときの下地としても優秀です。もうひとつ、発売当初からリピートしているのが、アディクションのリップスティックシアー エンドレスリィ。こちらはより透け感のある仕上がりです。それでも血色が心配なときは、チークを足せば大丈夫。

TAKE IT!

素の唇がほんのり透けるシアーベージュ。アディクション ザ リップスティック シアー 001 エンドレスリィ ¥3200＋税／アディクション ビューティ

肌なじみがよく、さまざまなメイクに合わせやすい色。ETVOS ミネラルルージュ ナッツベージュ ¥3000＋税／ETVOS

手肌の角質を捨て、ヌードなネイルを纏う

ハンドケアについても、「捨てる」という視点で見ると盲点が多いもの。ささくれ、ムダ毛を捨ててほしいのはもちろん、**意外と捨てられていないのが手の甲の角質**です。せっせとハンドクリームを塗っているのに手がカサカサしたり、顔のそばに手を持ってきたときに全然色が違って見えるのは、角質ケア不足のせい。

手肌も顔と同じように日々角質を溜めている以上、同じように捨てるケアをする必要があるのです。手の角質ケアには、サンソリットのスキンピールバー（61ページ参照）がオススメ。僕は、全身をこの石けんで洗っています。

過剰なネイルアートは、時に手元の清潔感や品格を下げてしまうもの。大人になったら、デコラティブなネイルは卒業。もし、どうしてもストーンやパールを

つけたいなら、フェイクではなく本物のダイヤや真珠をつけるぐらいの勇気を持ってほしいと思います。

日常的に洗練された美しい手元をキープしたいなら、**素肌の延**

長のようなヌードベージュのネイルが最強。ネイルがハゲていると手元の清潔感が一気に損なわれるので、リタッチが簡単なものを見極めて。2度も3度も塗らないと色が出ないものではなく、一度塗りでしっかり発色するものを選ぶのもポイントです。さらに、ワンストロークでキレイに仕上がる筆が太めのタイプなら、忙しくてもひと塗りで洗練された手元をキープできます。

たくさんのネイルを試してきたけれど、ベージュのカラーバリエーション、ワンストロークでムラなく塗れるテクスチャーと太めの刷毛、速乾性で優れているのが、ネイルズインクのもの。忙しくても簡単に品格のある手元を手に入れたいなら、是非チェックして。

TAKE IT!

（左から）ネイルズ インク レッツ ゲット ヌード ネイルポリッシュ アルバート ガーデンズ 14ml ¥2800 ＋税　同ネイル マルベリー フレイス 14ml ¥2800 ＋税 /TAT inc

3種の神ツールで メイクのムダを捨てる

以前、メイクアップアーティストが3人集まって対談したときに、「これがなければ撮影が始まらないアイテムを教えて」という質問がありました。全員一致したその答えは、ズバリ綿棒！ まつ毛の毛先やアイラインの目尻や目のキワ、口角……そういう細部を美しく仕上げるのには、綿棒が不可欠なのです。撮影では、乳液やバームをつけた綿棒でメイクを修正したり、細かい部分をぼかしたり、アイラインの先端を整えたりと何本も使います。 僕が愛用しているのは、しなりやすい紙の軸タイプ。 定番はジョンソン・エンド・ジョンソンのものですが、最近は100円ショップやドン・キホーテでも良質なものが手に入ります。

そして、特別なテクニックなしで、細部を美しく整えるために欠かせないのが、

130

スクリューブラシです。　眉毛をとかしたりぼかしたりという一般的な使い方はもちろん、マスカラのダマをとかして繊細な毛先に整えたり、顔周りのうぶ毛をとかしたり。あらゆる毛流れや毛の先端を美しく仕上げるのに活躍します。

もうひとつ、一本持っておくと便利なのが、ベース作りにはもちろんポイントメイクにも活用できるナイロン毛のコンシーラーブラシ。エマルジョンファンデーションをコンシーラー代わりになじませるときに使うと、狙った場所をピンポイントで自然にカバーできます。さらに、クリームシャドウを塗るときに、指でぼかすよりも数倍美しく繊細に仕上げることが可能になります。

大人のキレイには清潔感が必須。そして、清潔感は先端や細部に宿るもの。**綿棒、スクリューブラシ、そしてコンシーラーブラシ。この3種の神ツールがあることで、仕上がりの清潔感が格段にレベルアップ**します。

③②①

TAKE IT!

①しっかりした紙軸でしなるので、どんなときにも活躍。ジョンソン 綿棒 200本入り ¥379＋税（編集部調べ）／ジョンソン・エンド・ジョンソン　②密集した肌当たりのよい毛で、しっかりとかせる。アディクション アイブロウブラシ スクリュー ¥1400＋税／アディクション ビューティ　③目元にやさしいタッチで、コンシーラーやクリームのテクスチャーをのばすのに最適。NARS クリームブレンディングブラシ #12 ¥3300＋税／NARS JAPAN

朝から100%の顔を
目指さなくてもいい

毎日、ついついメイクが濃くなってしまうという人に質問です。

朝、家を出る瞬間から100%のメイクをしていませんか?

朝から全力でフル装備のメイクをすると、昼にお直しして、夕方にお直ししてとやっているうちに、どんどん層が厚く息苦しい顔になってしまっているもの。

メイクが崩れると悩んでいるなら、最初から崩れるほど厚いメイクをしなければいい。一日のうちで、少しずつメイク濃度を上げて、夕方の段階でフルメイクになるぐらいがちょうどいい、というのが僕の考えです。

一日のメイクの力加減を時系列で示すなら、**朝60%、ランチ後に80%、アフターファイブで100%**がルールです。

スキンケア仕立ての肌を活かしたナチュラルなベースメイクと、顔の印象を決める眉。そして、マルチカラースティックで目元とチーク、リップを軽く彩ったら、朝の爽やかな光に似合うフレッシュなメイクの完成です。オフィスレディなら、さらにまぶたのキワにインサイドラインを引いて、マスカラを塗れば十分。

昼のメイク直しでは、チークを足して少し骨格を引き立てたり、目元に色をのせて、アイラインを引いて目を強くしましょう。

アフターファイブのお出かけ前は、エマルジョンファンデーションをコンシーラー代わりにして、時間が経つにつれ、目立ってきたクマやくすみをカバー。ビーミングやシェーディングで、夜の光に似合うメリハリを演出しましょう。大人の女性がラメやホログラムのメイクを楽しみたいなら、このタイミングで重ねるのがいちばんキレイ。

朝60％、昼80％、夕100％。**時系列でメイクを濃くしたほうが崩れにくいうえに、結果的にTPOにもマッチする**のです。

メイク直しには小さなマルチバームがあればいい

ポーチの中身を減らし、シンプル&ミニマムにするためには、マルチアイテムを活用するのが早道。ポーチの省スペース化に貢献するアイテムとして、ひとつあると便利なのが、**メイク直ししながら保湿もできるミニサイズのマルチバーム**です。ポイントメイクを直したいときはバームを綿棒に取ってクルクルと汚れをオフ、ベースメイクを直したいときはコットンに取って気になる部分を軽くぬぐいます。そのままトントンとなじませれば保湿も万端。表面でベタベタせず、しっかりなじむタイプを選べば上からメイクを重ねてもよれません。

ある日、撮影で下地クリームを切らしてしまい、お直し用に持っていたマルチバームを使ったところ、素晴らしくキレイなツヤ肌に仕上がったことがありまし

た。指すべりがいいので小顔マッサージにも使えるし、終わったらティッシュオフすればそのままメイクもできます。メイクの上から少しツヤをプラスしたいときにはハイライト代わりに。リップバームやハンドバームとしても使えるので、今や僕のメイクボックスの必需品です。

フルールドファティマ モロッカンバーム
45g ¥2200 ＋税／ファティマ

しっかり潤うのにベタつかない。携帯に
便利な潤いリタッチバーム。MiMC エッ
センスハーブバームクリーム 8g ¥3800
＋税／ MIMC

ポーチはあなたを映す鏡。
中身は少なければ少ないほどいい

ポーチを見れば、その人がわかる。ポーチの中がごちゃごちゃしている人は、部屋も散らかっているし、心も整理できていないことが多いもの。反対に、キレイな人のポーチは中身がミニマムで、それぞれのアイテムもキレイに使われていることがほとんどです。

「ポーチと心はつながっている」、たくさんの女性のポーチの中身を見せてもらううちに、いつしかそう思うようになりました。大人のポーチはミニマムでシンプルなほうがいい。毎日使うポーチの中のムダなものを捨てれば、心もスッキリ整頓され、運気もアップする。僕はそう考えています。

増える一方のポーチの中身を減らすには、どんなことから始めればいいのでし

ようか？　まず、ひとつルール化してほしいのは、**何かひとつ入れたら、何かひ**

とつ抜くということ。

そして、粉まみれのパレットや古びたアイライナーなど、見ていてアガらない

ものや、使いにくいものは捨てるか、新しいものに買い替えましょう。今すぐに

使うものではないけれど心配だからなんとなく入れているストック、似たような

ものや役割がかぶっていて代用できるものも思い切って外に出しましょう。

また、化粧品の**消費期限の基準は、練りものは2年、粉ものは3年以内**。古く

て酸化したり、フレーキング（化粧品の表面がうろこのように固まること）を起

こしている製品は、肌に負担を与える可能性もあります。潔く、サヨナラを。

ポーチに入っているひとつひとつのものを手に取り、自分にとって本当に大事

かどうかを見極める作業は、自分の心を見つめ直すようなもの。ポーチのムダな

ものを捨てて、顔も心もシンプル化しましょう。

Chapter. 3

ライフスタイル

LIFESTYLE

捨てることで生まれた余白に
幸せが舞い込む

新しい出会いも幸運も捨てることで入ってくる。
いらないものを溜め込んだ暮らしを見直せば、
すべてが上手く回り始める。

Hiro's METHOD

大人の女性が捨てるべき 5つの心の癖

大人になるほど、心のありようがあからさまに見た目にも出るようになってきます。どんなに肌が美しくても、どんなにメイクが上手くても、素敵に見えないもの。妬みや媚びなどのダークな感情にまみれている人はどうしても素敵に見えないもの。表情、佇まい、言動や立ち居振る舞い。その人を色濃く取り囲む空気感を見れば、その人が何を感じ、何を考え、どう生きてきた人なのかが一目瞭然に伝わります。だから、最後の仕上げに捨ててほしいのは、日々を過ごすうちに溜まっていく、心の中のいらないもの。まずは、大人をくすませる「心の癖」を捨てることから始めましょう。

【嫉妬】 人と自分を比べて、焦ったり嫉妬したり、ブラックな感情が湧いてきてしまうなら、その人の情報が目に入らないような環境を作りましょう。できるだけ距離を置いて、情報を遮断する。深呼吸したら、「人は人。自分は自分」と言い聞かせて。隣の芝生は青く見えるけれど、本当に青いかどうかは当人にしかわからないもの。特に今の時代、SNSで発信されている"隣の芝生"はほぼフェイクと心得よ。

【貪欲】 美も！　若さも！　愛も！　富も！　なんでも欲しがるギラギラとした貪欲さが透けて見える必死な人は、素敵に見えないもの。大人になったら、身の丈を知り、自分にとって本当に必要なものは何かを見極め、整理して潔く捨てられている人のほうが断然輝いて見えます。欲しがり屋さんな自分を捨て、いいさじ加減の余裕のある大人を目指して。

【人まね】 人と同じだったり、横並びじゃないと安心できないうちは、大人のキ

140

レイのスタート地点には立てません。年齢を重ねたら、そろそろ自分のスタイルや軸を築くステージへアップデートしましょう。

【過剰な個性】 僕自身、かつては街を歩いたら振り返られるような個性が欲しかった。誰ともカブらない奇抜なスタイルで、「僕はここにいるよ！」と自分の存在をアピールすることに必死でした。けれども、仕事を通してたくさんの本物のプロ達に出会い、自信がある人ほど見た目はナチュラルでシンプルだという事実に気がついたのです。個性は内から静かににじみ出させてこそ説得力を持つ。そう覚えてください。

【依存心】 人や物にすがることと、誰かや何かのせいにすることは、表裏一体。何かに依存する心は、自力で解決しようと試みる経験や客観性を奪い、成長や円熟の機会から遠ざけてしまいます。大人ならではの魅力を育てたいなら、依存心からは早く卒業しましょう。

情報を遮断して心のデトックスをする

メディアが普及し、情報が溢れている現代社会。テレビから流れてくる悪意にまみれたゴシップ、悲惨な事件を伝えるニュースサイトやSNS……。常に情報にさらされていると、人の心は疲れて自分を見失ってしまいます。**ダークな感情が湧き、毒が回ってくるのは、心が疲れている証拠。**濁った水を溜め続ければ、いつか溢れるのは時間の問題です。だからこそ、**意識的に情報を遮断し、何も考えない無の時間を作る習慣**をつけて、心を休ませてリセットしましょう。特に夜眠る前は、テレビもパソコンもスマホもスイッチをオフ。〝デジタルデトックス〟を意識して静かに自分と向き合うひとときに。

何も考えない無の時間を持つというのは、いざやってみると最初は難しいもの

です。僕は、イスに座って目を閉じて5分間瞑想したりします。ただ座っているのが落ち着かないなら、外に出て月光浴をしたり、緑の中を散歩するのもオススメです。毎日忙しい中でも心を浄化してリセットしたいなら、有名なパワースポットに行くよりも、自宅をパワースポット化することを心がけましょう。照明を落とし、クリスタルボウルのBGMをかけて、好きなアロマオイルを焚きながら、ぼーっとする。そんなひとときが、疲れた心や頭をリラックス＆リセットさせ、明日への活力をチャージしてくれます。

　もうひとつ、**心のデトックスに効くのが、泣くこと**。涙を流すという行為は最高のデトックスになります。泣ける映画を観たり、本を読んだり。辛いとき、悲しいときは、一人で月を見ながら泣くことも。心にも捨てるケアが必要なのです。

一日の肌ダメージを捨てる。上質な睡眠に勝る美容はない

肌は眠っている間に修復されます。どんなにスキンケアを頑張っていても、睡眠不足のままでは、肌のダメージは修復されないまま積もり積もっていくばかり。

だから、僕はどんなに忙しくても一日に6時間寝るように心がけています。

しかし、せっかく6時間の睡眠時間を確保しても、眠りの質がよくなければ疲労も肌ダメージも回復できません。前のページでお話しした、眠る前にテレビやパソコンやスマホを見ない〝デジタルデトックス〟はもちろんのこと、睡眠環境を整えることも大切。上質な睡眠を得るためには、それなりの心がけや儀式が必要です。

まず、**眠る前には、五感を鎮静すること。**香り（嗅覚）や音楽（聴覚）もそう

ですが、視覚は最も大切です。　強烈な白い光を浴びるムービーの撮影の後は、太陽を浴びたように体内時計が狂い、上手く眠れないこともあるほど。古来から太陽のリズムとともに暮らしてきた人間にとって、光は睡眠のリズムを左右する重要なものなのです。

だから、僕は仕事でどうにもならない場合以外は、夜7時以降は、なるべく白熱灯の黄色い光しか浴びないように気をつけています。スマホやパソコンのブルーライトにも、蛍光灯が煌々（こうこう）としたコンビニにも近づきません。

人間は自律神経に支配されています。朝は明るく、夜は暗いというリズムが乱れると、自律神経が狂い、メラトニンとセロトニンという体内のリズムを司るホルモンのバランスが乱れがちに。すると、肌も心も体も不調になってしまいます。

上質な睡眠は、メイクやスキンケア以前の、根本的なキレイを育む近道。自然のリズムに抗うことをやめ、地球のリズムに従って生活しましょう。

水と油にはこだわって。ベーシックこそ上質を選ぶ

原料にとことんこだわる化粧品会社の、ある社長さんの話です。もともとキレイな方だったのですが、あるときを境に突然見違えるような美肌ぶりに変わったのです。理由を尋ねると、水と空気がキレイな場所に移り住んだからだと言います。誰にでもまねできることではないし、極端な例ですが、水と空気がキレイというのは究極だなと感じました。僕達が今住んでいる場所を離れずに、根本からキレイになるためには、どうすればいいのでしょう。答えは簡単。体に取り入れるベーシックなものこそ、上質さにこだわって選ぶことです。

肌に潤いを与えるために上質な水と油が必要なのは、何もスキンケアに限ったことではありません。質のいい水や油は、体の内側からも潤いを行き渡らせて く

れるのです。　僕のモットーは、「**毎日、口にするベーシックこそ上質なものを**」。

水はデトックス作用のある「シリカ」を含んだ強アルカリ性で、飲みやすい超軟水の観音温泉水が定番。オイルは用途によって、ちょっといいオリーブオイルや、余分な脂肪をエネルギーに代えるMCTオイル、抗菌、抗ウイルス作用が高く「死以外のすべてを癒す」と言われているブラッククミンシードオイルなどを取り寄せています。他にも、毎日使う調味料や、日本人にとっておなじみのタンパク源である卵や鮭などは、生産地から通販するなどして厳選しています。

また、ジャンクなもの、作ってから時間が経った食べ物や、淹れてから時間が経ったお茶やコーヒーなどの酸化した飲み物は極力避けるように意識。当たり前すぎて退屈に感じるかもしれませんが、肌がキレイなモデルや女優はみんな自然とやっていること。　塗るものだけでなく、内からキレイを育む食にも、こだわってみてください。

ボディの角質を捨てる。
特に、足裏とお尻は念入りに

ときには裸のまま鏡の前に立ち、全身のフォルムをチェック。そのとき、肌質や肌色にも目を向けてみましょう。他のパーツに比べて、腕の内側や腿の内側は、まるで赤ちゃんのように透明感があって、すべすべしていませんか？　**目標は、この質感、この色。ボディの角質をきちんと捨てれば、この状態にまで戻せるはずなのです。**

そこで取り入れてほしいのが、豚毛ブラシ（157ページ参照）とシルク成分配合のタオルを使ったWの磨き上げケア。豚毛ブラシに石けんをつけ、濡れたボディをくまなく洗った後、シルクタオルでクルクルと磨き上げます。シルクタオルから、絹に含まれるセリシンという天然の保湿成分がしみ出すことで、ずっと触れ

ていたくなるようなすべすべのボディが手に入ります。ちなみに顔と同じで、ボ
ディの保湿もオイル派。ボディクリームは、肌を艶やかに見せる仕上げとして、
メイク感覚で使うにとどめています。

さらに、全身の中でも、**顔並みの丁寧なケアをしてほしいのが、足裏とお尻**で
す。全身のツボが集中し、「運気の入り口」と言われる足裏は、毎日全身を支え
地面を踏み締めていることで硬くなりがち。僕は、足裏に感謝する気持ちで、
日々磨き上げています。一方のお尻は、「下半身＆後ろ姿の顔」とも言えるパーツ。
現代人は座っていることが多いのでお尻に角質が溜まりやすく、モデルでさえザ
ラついているものです。毎日のW磨きケアを徹底して、それでもザラついてしま
うときは、ボディ用の角質ケア美容液を取り入れましょう。

スキンケアのページ（48ページ参照）でもお伝えしたように、顔と体の角質状況は
つながっています。ボディの角質が溜まりっぱなしでは、顔の素肌もキレイには
なれない。ボディにも、捨てるケアが必要なのです。

お風呂は最高のデトックス空間。バスタイムに一日の澱（よど）みを捨てる

お風呂は、一日の間に溜まった汚れや邪気を落とし、身も心も清める最高のデトックス空間。湯気に蒸されることで毛穴が開き、温かいお湯の中で汗をかくことで、洗うだけでは落としきれない内側の毒素も排出することができます。

人類の起源を遡（さかのぼ）ると海に行き着き、赤ちゃんも初めはお母さんの羊水の中で育ちます。そのせいか、水に入ると人の気持ちは落ち着き、浄化されるもの。だから、**一日一度は水に還る**。忙しくてもなるべくシャワーで済まさず、湯船に入ってほしいのです。心のモヤモヤも、全身のいらないものも、すべて水に流してしまいましょう。

さて、一日の澱みを捨てる入浴法ですが、**お湯の中には必ずお浄めの意味も込**

めて、バスソルトや岩塩などの〝塩もの〟を入れます。リラックス感を高めたいときは、ラベンダー、ゼラニウム、サンダルウッドなどの精油をブレンドしたオイル（157ページ参照）を混ぜるのもオススメ。さらに、週に1回は重曹を混ぜて、全身の大掃除。重曹を入れたお湯に入ると角質や毛穴の汚れが浮き出し、アルカリ泉に入った後のようなつるつるすべすべの肌が手に入ります。

もうひとつ取り入れてほしいのが、ちょっと熱めのお湯に入り、美肌と健康を育むHSP（ヒートショックプロテイン）入浴法です。適度な熱ストレスを与えることで、細胞内のHSPを活性化させ自己回復力を高めることができるのです。細胞レベルで修復力を高めることができます。

42℃のお湯なら10分間、40℃のお湯なら15分間入ることで、細胞レベルで修復力

腸内環境を整えると肌も心もクリアになる

腸は第二の脳とも言われる臓器。**腸内環境を整えると、免疫力がアップし心の中もクリアになる**と言われています。僕が「腸と心はつながっている！」と実感したのは、常に美肌をキープしている年上の知人に触発され、「腸内洗浄」を試したときのこと。雑念が消えて頭の中が空っぽになり、晴れ晴れとした気持ちになったのを覚えています。「某国の情報機関では、凶悪犯を取り調べる前に腸内洗浄をして落ち着かせる」という噂を聞いたことがあるのですが、もしかしたらあり得る？　と感じたほど斬新な体験でした。僕が、腸活に目覚めたのはそれがきっかけです。

便秘とは無縁でも、腸壁に汚れがこびりついて有害物質が溜まっているという

人は多いもの。肌荒れやニキビはもちろん、イライラ、不安、落ち込みやすさなどは、腸内環境が悪いせいかもしれません。

いきなり腸内洗浄となるとハードルが高いと思うので、サプリメント（159ページ参照）を賢く取り入れた腸活・菌活から始めて。体に合った乳酸菌サプリメントや、乳酸菌の餌となるオリゴ糖を積極的に取り入れることで健やかな腸内環境を育みましょう。

腸の硬さは、肌の硬さと心の硬さ。どんなに上質な食事を取っても、きちんと出すという行為ができていなければ、キレイにはなれません。

新しい自分に出会うために。失敗を恐れる心を捨てる

新しい環境、新しい服、そして新しいメイクアップ。大人になるほど、失敗が怖くなり、新しいチャレンジや冒険に尻込みしたくなるものです。長年「与える美容」に挑戦することも、勇気がいることかもしれません。けれども、**挑戦や変化なくしては、新しい自分には出会えないし、時代に合わせたアップデートも不可能**です。何歳になっても、失敗は経験となって、あなたの目を肥やし、判断力や見極める目、対応力を磨いてくれるもの。失敗がない人は、経験値を積むチャンスを逃しているのと同じこと。小さな失敗を重ねたほうが、大きな失敗を避けることができるのです。

ことメイクに関して言えば、夜クレンジングの前に試しさえすれば、失敗を恐れずに済むはず。もし、上手くいかなかったら落とせばいいだけ。1回塗って上手くいかなかったら、塗る位置や塗り方を変えて、3回はチャレンジしてみましょう。今の化粧品は進化しているので、工夫すればきっと似合う方法が見つかり、自分のものにできるはずです。

失敗を恐れて守りに入るよりも、小さな失敗を糧にしてステップアップしている人のほうが断然美しい。新しい自分に出会うために、失敗を恐れる心を捨てましょう。

捨てる暮らしの必需品

心地よい自分自身で過ごすために。
何年もリピートしている
ビューティアイテムを紹介します。

タカミの
スキンピールボディ

潤いチャージと同時に
角質ケアができる一品

角質のケアをしながら潤いを与える、ボディ用
のオールインワンゲル。のびがよくみずみずし
い使い心地で、くすみ・ザラつき・黒ずみをケ
アし、つるつるの肌触りに。モデルの愛用者
も多い逸品。200g ¥5600 ＋税／タカミ

THREE の
オリジナル ボディブラシ

すみずみまで角質や
汚れをオフして磨き上げる

上質な天然毛で作られたボディブラシ。
柔らかな肌当たりで、ブラシ洗いビギナー
や肌が薄い人にも使いやすい。大正3年
創業のかなや刷子特製の伝統技術が息
づく品。¥4000 ＋税／THREE

ヴェレダの
ラベンダー オイル

お風呂上がりは
ラベンダーの香りでリラックス

清々しいラベンダーの香りでリラックス。
湯上がりの濡れたボディに直接なじませ
て、マッサージ。一番搾りのアーモンドオ
イルと栄養豊富なセサミオイルで艶やか
なボディに。100ml ¥2600 ＋税／ヴェ
レダ・ジャパン

バーニーズ ニューヨークの
フェイスタオル

肌に触れたときの
心地よさが違う、
ラグジュアリーなタオル

上質なコットンのフェイスタオルで肌
に磨きをかけるのが習慣。洗っても
硬くなりにくく、吸水性に優れていま
す。¥1500 ＋税／バーニーズ
ニューヨーク

オリオセタの
オイルトリートメント

重さとは無縁のヘアオイルで
しなやかな毛先に

ベタつきや重さを感じさせることなく、潤
いのベールでしっとりと包むヘアオイル
で、毛先 10cm のパサつきを捨てる。オー
ガニックのアルガンオイルと亜麻仁油を
ベストミックスし、シルクのような髪に導
く。30ml ¥1500 ＋税／プロジエ

西川の
［エアー SI］マットレス

睡眠環境の大切さがわかる！
これに変えてから
驚くほど疲れない体に

美容に無頓着な知人が急にキレイに
なった秘密を問いただし、出会った
マットレス。点で体を支えることで、
体が凝りにくくなり、睡眠の質もアッ
プ。朝、一生懸命に顔や体をほぐさ
なくて済むようになり、快適！　ダブ
ルサイズ ¥120000 ＋税／西川

アルベックスの
腸内サプリ

肌も体も全部"腸"から！
自分の乳酸菌を増やす僕の定番

お腹の中で自分の乳酸菌を増やすのをサポート。医療機関で買える、16種類の乳酸菌を豆乳の中で一年間発酵・熟成した、リキッドタイプの乳酸菌サプリメント。アルベックス 10ml×30包 ¥8000＋税／ビーアンドエス・コーポレーション

モンサンミッシェルの
ブレンド精油

リラックスモードに切り替える
スイッチ的なオイル

（左）ゼラニウムやマジョラムが、体を温めて肩コリやむくみをケア。インナーバランス 5ml ¥3000（右）エイジングケアに優れたローズやネロリ、自律神経を整えるラベンダーなど10種を配合。フェアリーブーケ 5ml ¥3500＋税／ともにモンサンミッシェル

おわりに

20代の僕は人生の修行期間中で、生涯でいちばん辛い時でした。そして30代は生涯でいちばん貪欲になり、何もかも欲張りな時でした。この2つの年代を生きてきた今、やっとアラフォーにして、あることに気づいたのです。

僕は、ずっと綺麗になる目的を履き違えていたということ。美しさの着地点には正解がなく、自分の中での心地よさを見出すことが本来の美しさにつながるということに気づかされたのです。

人生が辛い時、貪欲になった時。人生と理性と目的が不一致だと、理想とする姿からは遠ざかり、ひたすら肌環境が狂い始め、顔の雰囲気までも変わってしまう。「綺麗になりたい」願望は、必要なモチベーションだが、行き

は、人生の財産と言っても過言ではありません。

すぎると毒にもなることもある。この年にして、それを知ることができたの

多くの人は、自分の幸せや美しさを自分がどう思うかではなく「人から見られて幸せに見えるかどうか」の基準で、生きています。そのためには、たくさんの情報を得て、人が当たり前にやっている常識を知らなくてはならない現実があります。でも世の中の美容の常識は、表層的なイメージで物事を捉え、なんとなく人に合わせて取り入れるもの。結果、"ゆらぎ肌"なんていうワードが近年の常識になりつつあるけれど、そんな常識は他人の常識であり、自分自身の常識ではないのです。

僕自身も長年、この根拠のない他人の常識に結構振り回されてきました。一時的に綺麗になれたり幸せな気持ちになれても、2カ月後にはまた、あの

161

綺麗なコンディションや幸せな気持ちはどこに行ってしまったんだろう……という繰り返し。

アラフォーに入ってまもなく、僕はこう思うようになりました。

幸せになることに振り回されてしまうのは、自分をよく知らない、他人がよく見えない、世間や社会ってものをまだよくわかっていないからなんじゃないかと。それと同時に美容の本質や、肌という臓器のメカニズムを本当は知らないのではないかと気づいたのです。

美しくメイクアップすることは簡単にできてしまうし、説明はできても、肌の本質や顔の造形の根本まではわかっていない。それでは、人としての本来の美しさを引き出したり、美容の着地点なんてわかるはずがない。自分の本来の心地よさにつながる正しい美容を知らないから、気まぐれな情報や間違った美容メソッドに振り回されてしまっていたのです。むしろ他人のこと

のほうがよくわかっているほどに。

美容の苦悩から少しでも解放されるために必要なのは、自分自身の分析、他人の分析、人間の体や肌という臓器の検証、それが実は、手ごたえある美しさをつかむ方法として、いちばん早いと思ったのです。

人が綺麗になりたいと思うのは、実は綺麗になった先に幸せがあると思うから。あるいは綺麗になることが、最も手っ取り早い、最も具体的な幸せの作り方だから、人間というのは美しさ＝清潔感にすがるのかもしれません。不思議なことですが、人は幸せになった途端、美しさへの執着心を減らす生き物なのです。美容にあまりお金をかけなくなり、あまり時間を費やさなくなる。自ずとシンプルケアに行き着き、お金をかけていた頃より断然美しくなるのです。

言い換えるなら、正しいシンプルケアになっていくほどに人は、ごくごく

自然に綺麗になっていくから、もう執着の美容はいらなくなるのです。綺麗になったこと自体が、幸せを生むことはないけれど、幸せになったこと自体は綺麗を生む。正しいシンプルなケアとメイクアップこそが幸せな人生を自然な流れで生むということを、この本の裏テーマとしました。

これまでの美容本は、流行の美容メソッドや最新の商品をいかに取り入れて綺麗を呼び覚ますかというものが多かったと思います。もちろんそれは正しいのです。

でも、美しさを生むプロセスには肌という根本知識を知っていない限り、肌によいものを入れ込むばかりというのには限度があります。

一方で、広告イメージやみなもやってるから私もこうなれる！　なんていう思い込みに踊らされてしまっても、思い込みで本当に綺麗になれてしまうこともある。しかし、それも結局、一時的に手に入れた美しさでしかない。

164

そうではなくて、表層的なイメージはもちろん美容の材料にしながら、老いという自然現象をしっかりと目を開けて全部見つめ、自分を知り世間を知ったうえで、一から組み立て直すシンプルメソッドは、今から5年後、10年後でも軽やかに肌が自然な美しさで、自分らしい綺麗を保てるはずなのです。

まさに、美容に無頓着になることなく、美容に依存するのでもなく、今から正しい「捨てる美容」メソッドを取り入れる勇気を出してほしい。そのためのマニュアルとして、この1冊を参考にしていただけたら幸いです。

人は老いる生き物であり、誰もが美しさの変化を目の当たりにする苦悩を、たったひとつでもやわらげることができたら、それが今の僕の幸せです。

お問い合わせ先

アディクションビューティ	0120-586-683	TAT inc	03-6805-0727
アリエルトレーディング	0120-201-790	ドクターシーラボ	0120-371-217
アルファネット	03-6427-8177	西川 お客様相談室	0120-36-8161
ヴェレダ・ジャパン	0120-070-601	NARS JAPAN	0120-356-686
エテュセ	0120-074-316	バーニーズ ニューヨーク	0120-137-007
ETVOS	0120-0477-80	ビー・エス・インターナショナル	03-5484-3481
MIMC	03-6455-5165	ビーアンドエス・コーポレーション	03-3288-0068
貝印	0120-016-410	ファティマ	03-6804-6717
カネボウ化粧品	0120-518-520	ピエールファーブルジャポン	0120-171-760
環境保全研究所	0551-48-5300	プロジエ	03-6690-8599
KIEHL'S SINCE 1851	03-6911-8149	ベアミネラル	0120-24-2273
コスメデコルテ	0120-763-325	ポーラお客さま相談室	0120-117-111
サンソリット	0120-723-021	マカダミ屋	0120-987-465
資生堂お客さま 窓口	0120-8147-10	メイベリン ニューヨーク	03-6911-8585
ジョンソン・エンド・ジョンソン	0120-101-110	モンサンミッシェル	0120-082-101
SUQQU	0120-988-761	ラ ロッシュ ポゼ	03-6911-8572
スパークリングビューティー	06-6121-2152	レセラ	info@moonpeach.jp
THREE	0120-898-003	ローラ メルシエ ジャパン	0120-343-432
タカミ	0120-291-714		

※掲載情報は 2021 年 8 月現在のものです。変更になる場合がありますのでご了承ください。
※価格はすべて税抜きです。

本書は世界文化社より刊行された『大人キレイの新ルール　捨てる美容』を文庫収録にあたり、改筆、改題したものです。

小田切ヒロ（おだぎり・ひろ）
ヘア＆メイクアップアーティスト。「LA
DONNA」所属。

高い審美眼と時代を切り取るセンスに定評
があり、女優やモデル、フォトグラファーか
らの指名も多い。ナチュラル系からモードメ
イクまでこなす幅広さと、日常のメイクに洒
落感を盛り込む独自のテクニックで多くの支
持を得ている。時代と共に活動フィールドを
広げ、YouTubeやオンラインサロン等
でより多くの人たちへ美容を発信している。

著書に『小田切流 小顔道』（講談社）、『す
べてを手に入れた女には3つの顔がある』（小
学館）、『美容中毒』（幻冬舎）がある。

知的生きかた文庫

やりすぎないからキレイになれる
捨てる美容

著　者　　小田切ヒロ（おだぎり・ひろ）

発行者　　押鐘太陽

発行所　　株式会社三笠書房
　　　　　〒一〇二〇〇七三　東京都千代田区飯田橋三─三─一
　　　　　電話〇三─五二二六─五七三四〈営業部〉
　　　　　　　　〇三─五二二六─五七三一〈編集部〉
　　　　　https://www.mikasashobo.co.jp

印刷　　　誠宏印刷

製本　　　若林製本工場

© Hiro Odagiri, Printed in Japan
ISBN978-4-8379-8744-4 C0130

知的生きかた文庫
わたしの時間
シリーズ

化粧いらずの美肌になれる3つのビューティケア

菅原由香子

＊ お金も手間も時間もかからない！
そのままでキレイな素肌の磨き方

「スキンケア」「腸内環境」「食品、化粧品、シャンプーの添加物」──この3つに気を配れば肌はたちまち美しくなる。人気皮膚科医が教える本物の美容法！

美人養成学校48の教え

豊川月乃

＊ モデルも実践する「美のメソッド」を本書で学べます！

人を魅了するキレイとは、何か一つにではなく、全体のバランスに宿るもの。姿勢、歩き方、肌、立ち居振る舞い、生き方……そのすべてを磨く方法、教えます！

美人に見える「空気」のつくり方

松本千登世

＊ 今日からひとつ実践するだけで、人生まで変わる美容本！

外見は生まれ持ったもの。でも「空気」は、自分次第でいくらでもつくりだせる。あなたが、丁寧に誠実に自分の面倒を見ていると、美人の「空気」が宿ります！